云南省首批人才工作示范备案项目
乡村CEO人才培养基地系列教材

# 乡村CEO沟通实务

李宇卫　张　权　总策划

李宇卫　周星月　钟小榛　张波亮　主编

中国农业科学技术出版社

图书在版编目（CIP）数据

乡村 CEO 沟通实务 / 李宇卫等主编． -- 北京：中国农业科学技术出版社，2025．1． -- ISBN 978-7-5116-7285-8

Ⅰ．F324

中国国家版本馆 CIP 数据核字第 2025W8T081 号

| 责任编辑 | 刁　毓　任玉晶 |
| 责任校对 | 马广洋 |
| 责任印制 | 姜义伟　王思文 |

| 出 版 者 | 中国农业科学技术出版社 |
| | 北京市中关村南大街 12 号　邮编：100081 |
| 电　　话 | （010）82106641（编辑室）（010）82106624（发行部） |
| | （010）82109709（读者服务部） |
| 网　　址 | https://castp.caas.cn |
| 经 销 者 | 各地新华书店 |
| 印 刷 者 | 北京捷迅佳彩印刷有限公司 |
| 开　　本 | 185 mm×260 mm　1/16 |
| 印　　张 | 7.25 |
| 字　　数 | 141 千字 |
| 版　　次 | 2025 年 1 月第 1 版　2025 年 1 月第 1 次印刷 |
| 定　　价 | 38.00 元 |

◀━━ 版权所有·侵权必究 ━━▶

# 编者名单

**总策划**

李宇卫　张　权

**主　编**

李宇卫　周星月　钟小榛　张波亮

**副主编**

谢天琳　陈海涯　杜　运

# 序 一

## 乡村振兴需要自己的职业经理人

我从20世纪90年代开始从事乡村发展实践方面的工作,从培训农民使用先进的农业生产技术开始,在黄淮海平原的乡村组织农民培训。当时中国乡村发展面临的巨大挑战是人地关系紧张,乡村劳动力就业严重不足,"隐性失业"是主要问题。随着工业化和城镇化的持续发展,乡村劳动力不断转移,首先是青壮年男性劳动力外出,从而产生了留守妇女、留守儿童和留守老人。逐渐地,乡村女性也开始大规模外出务工,同时国家在教育等公共服务上逐渐取消了城乡割裂的政策,乡村儿童也逐步都随父母进城上学。乡村人口逐渐减少,2023年,我国常住人口城市化率达到了66.16%,而户籍人口城镇化率为48.3%,两者相差17.86个百分点,也就意味着大约有2.5亿乡村户籍人口居住在城市和城镇,虽然乡村人口的外流在一定程度上缓解了人地矛盾,为我国农业适度规模化经营和农业现代化创造了条件,但也不可避免地带来乡村空心化以及乡村人口的老龄化,目前我国乡村人口中老年人占比达到了23.8%,远高于城市的15.8%。这些变化使乡村振兴面临着人才严重匮乏的挑战。

2015年开始,我的团队在云南省勐腊县河边村开展农文旅融合的乡村新业态培育工作。河边村位于西双版纳自然保护区边缘,村庄周围都是热带雨林,村内的建筑都属于干栏式风格,村庄保留着非常传统的瑶族文化习俗,气候宜人,脱贫攻坚期间,在政府的易地搬迁项目和危房改造项目的支持下,我在河边村开展深度贫困脱贫路径探索时,就希望将其优质的生态资源、气候资源、文化资源能够转化成文旅资源,因此在农村住房建设项目中,优化农户住房的结构和功能,每家每户都能够改造出至少一间可以用来招待游客的客房。2018年,河边村建设工作结束,村庄到主干公路的道路修通了,村内实现了硬化道路通到各家各户,农户的房前屋后种上了本地花草果木,村里有了干净卫生的公共厕所,无线网络也联通了,还建了一个会议室,具备了接待游客的功能。我的团队也开始在村里组织各种学术讨论会，也引导了一些教育机构来村中开展冬令营活动，从而吸引了一些游客来村子里旅游、度假、研学、举办会议等，为村庄带来生机和活力。在这个过程中，我发现最难的不是建设乡村，而是经营乡村。因为乡村里缺乏具有管理技能和经营能力的人，乡村的优质资源无法转化成发展资源。我在前些年接受一些媒体采访时，就明确指出"乡村里缺乏具有管理技能和经营能力的人。这不仅是河边村面临的问题，而是很多乡村都有的普遍问题。在过去多年的脱贫攻坚实践中，政策对乡村产业的支持力度非常大，但当利用政府的支持，把产业发展起来后，却要面对普遍性的人才匮乏的问题，谁来帮助乡村经营这些产业就成为摆在大家面前的一个难题。"

后来，我带领团队在云南省昆明市、昭通市、曲靖市、临沧市、怒江傈僳族自治州开展乡村振兴示范村建设工作，政府的行政力量、专业团队的技术力量以及村民的建设能力能够很快完成村庄的建设，一些村庄不到一年的时间就变了模样，成为当地的样板村和示范村，但是进入运营阶段后，都面临着运营管理人才匮乏的问题。在多年的乡村振兴一线工作中发现，因乡村缺乏就业机会和收入提升机会，乡村人才不断向城市流动，乡村的孩子从小就被教育长大后要走出乡村，进入城市工作。"城市中心主义"的经济观和价值观取向是造成乡村人才匮乏的重要因素。乡村几乎留不下人才，很多时候，乡村成为一个人才的荒漠，这是现代化过程中给乡村留下的问题之一。我们发现，大部分富裕的乡村都有一个致富带头人，这个人可能是村干部，也可能是农民企业家。但大多数贫穷的村庄中，都没有这样的人，而这些村庄的发展，的的确确需要这样的人。

在云南的乡村振兴实践中，我们开始尝试培养乡村运营人才，也就是乡村职业经理人，也称为乡村CEO。一开始，我们在示范村面向全国招聘乡村职业经理人，报名的人很多，留下的人有很多还没有到试用期满就离开了，离开的原因并不是因为他们不愿意在乡村开展工作，而是他们中很多人发现运营乡村并不是一件容易的事情，这些人中不乏曾经在一些企业中已经做出一些成绩的，但到了乡村却出现了"水土不服"，不了解"三农"政策，不理解乡村社会结构和秩序，也难以设计出能够发挥乡村独特资源优势的产业；一些刚刚毕业的大学生虽然拥有一腔在乡村创业干事的热情，但是也困于没有相应的能力而打了退堂鼓⋯⋯我们在示范村招聘的第一批乡村CEO，最后只有一个人留下来。在这个过程中，我发现乡村运营人才是需要去培养的。

2021年，中国农业大学国家乡村振兴研究院与腾讯公司可持续社会价值事业部联合发起的"中国农业大学-腾讯为村乡村CEO计划"应运而生，旨在通过为期一年的综合性系统培训，培养乡村职业经理人，对接都市动能，将城市圈的人流、资源和管理模式带到乡村，以公司运营的模式，打造会展经济、网红经济、打卡经济、周末经济和夜市经济，进而不断壮大村集体经济，从而探索解决欠发达地区乡村经营性人才匮乏问题的实践模式和路径，为乡村人才振兴提供经验和创新方案。通过创新的系统性的学习，计划通过一年综合性系统培训，全方位打造乡村经营管理的专业人才，该计划不仅包含了深入的理论学习，让学员们能够全面理解国家的乡村振兴战略和政策导向，还融合了实地考察和在岗实训环节，确保学员们能将所学知识与实践紧密结合，提升其解决实际乡村经营问题的能力。通过乡村CEO项目的实施，旨在培养出一批能够综合运用现代科技、管理知识和创新思维来解决乡村发展中遇到的各种问题的领导力量。目前，该项目已经完成了第一期和第二期的乡村CEO的培训，培养了150多名学员。这些学员经过系统学习，成长为具有一定的领导技能、综合运营技能、乡村创业技能的复合型乡村人才。他们已经成为乡村振兴中一支非常重要的新生力量，为乡村发展注入了新的活力。

乡村CEO人才的培养很快得到了很多地方政府的关注，并都向我们表达了培养人才的合作需求，我们的团队无法承担起日益增长的培训需求。于是，我们就开始思考如何让更多的机构参与到这项工作中。昭通学院、曲靖师范学院和云南农业大学成为我们第一批合作伙伴。我们通过和这三所地方院校的团队密切合作，并先后在昭通学院、曲靖师范学院建立了专门的乡村职业经理人培训机构，尤其是昭通学院成立了第一个"中国乡村CEO学院"。这种努力还得到了云南省委组织部的认可和支持，并将其列入省级人才示范项目。2022年至今，昭通学院完成了多批次的面向昭通和云南的乡村CEO培养计划，在计划执行过程中，该学院的师资不仅参与到理论教学中，还参与到CEO学员的实践指导中，在实践中他们不断总结，形成了当前乡村运营人才的最迫切的技能需求，并组织编写了《乡村CEO职业素养》《乡村CEO沟通实务》《乡村CEO法律实务》《乡村企业市场营销》《乡村企业库存管理》和《乡村企业财务管理》等应用性、实操性强的系列图书，为乡村CEO人才的培养提供了有效的理论参考。

是为序。

李小云

2024年11月

# 序 二

## 为乡村经营播下一粒粒火种

近四年以来,我每年都有相当长的时间奔走在全国各地的乡村。在村里,和来自全国各地,甚至来自国际上的专家、学者、友人共同探讨腾讯助力乡村可持续发展的方法策略;在村里,了解年轻的乡村 CEO、兴乡青年们参加培训、经营乡村的成效、方法,并给他们支招;在村里,与我的同事们、与当地的干部、与共创合作伙伴,共同讨论、推动共富乡村试点示范建设的探索实践。

这源于四年前,为落实"科技向善"的使命愿景,腾讯进行了第四次战略升级,将"推动可持续社会价值创新"纳入了公司的战略底座,并专门成立可持续社会价值事业部(SSV)进行助力重大社会议题解决的试点探索。我不但有幸参与这次战略升级的全过程,而且还负责了助力乡村发展的为村发展实验室。

说起"腾讯为村",并不是这次战略升级才有的;说起助力乡村发展,更不是这次战略升级才有的。那需要回溯到 23 年前,2002 年,处于初创期的腾讯,为广东清远的一所山区小学捐献了电脑,就此拉开了腾讯与乡村的缘分。从一开始向乡村捐款捐物,到后来派人挂职,再到近年来探索可持续、可复制的创新解决方案,我们深刻认识到"授人以渔"之于乡村的重要性。一个人就是一粒火种,一粒粒火种播下去,就是星星之火,可以燎原。从乡村人才培育的角度切入助力乡村发展,不仅关乎一个村庄的发展是否可以激发出内生动力,也关乎到好的数字工具是否可以真正发挥出作用,还关乎到社会共创如何更好地助力乡村振兴的可持续性。

在 2021 年成立 SSV 之前,我们在培养和服务乡村治理人才方面已经有了较为完善的经验,并一直运营着"腾讯为村数字公益平台"(即现在的"村级服务平台"),但对乡村经营及乡村经营性人才的培养还是认知有限。就是在这个时候,我们非常荣幸地结识了中国农业大学李小云教授及其团队。经过多次的交流和云南实地调研,我们的共识越来越接近，越来越有共同为乡村发展去探索和实践的欲望。于是，我们决定一起开展一场"浪漫的实践"。2022年1月，"中国农业大学－腾讯为村乡村CEO培养计划"（简称乡村CEO计划）第一期正式启动。在当地政府的支持下，我们在全国招收了50多名学员，经过一年的试验探索，形成了国内首套乡村CEO系统化培养方案，也验证了我们的设想。我们统计了其中31名学员所在经营主体的收入，从学员参加培训前的550万元增加到了培训后的3 700万元。

乡村CEO计划一期给了我们很大的信心。在一期试验的基础上，我们就考虑要在一些地区搞在地化的试点。在地化的试点，不仅仅是培养，还得有招聘，我们提出了"培－聘"结合的地方制度化探索。也就是在这个时候，昭通、曲靖、昆明成为了试点地区，在2023年举办的乡村CEO计划二期的110名学员里，有60多名来自这三个地区，许多是在当地政府主导下为村庄招聘的乡村CEO，而且每个地区单独成班；也就是在这个时候，昭通学院、曲靖师范学院、云南农业大学加入了乡村CEO的培养网络。昭通学院率先成立了国内第一个培养乡村CEO的专门学院——中国乡村CEO学院，李小云教授被聘为院长，我有幸被聘为合作院长。在经历了乡村CEO计划二期的随班学习和参与教学管理后，学院的教职员工不但掌握了乡村CEO的系统化培养体系，还结合自身实际创新和丰富了更多的培养方法。在2024年的培养工作中，李小云教授和我，还有中国农业大学和腾讯公司，除了给予智力和数字化赋能上的支持，没有再直接参与到教学管理等具体工作中。不仅是在昭通，曲靖和昆明也都获得了较为扎实的制度化成果：曲靖师范学院成立了专门的乡村CEO培养学院，昆明市委农村工作领导小组专门印发了《昆明市强村富民乡村CEO培育实施方案》。据云南乡村振兴微信公众号文章报道，在乡村CEO机制带动下，2023年，昆明市1 401个行政村村级集体经济总收入50.91亿元，村集体经营性收入34.9亿元，均列云南省第一位。"培－聘"结合的地方制度化，为乡村经营性人才在地化储备了养料，种下了更多的火种，也带动村集体经济焕发出新的活力。

乡村CEO生命力的迸发对激发乡村内生动力具有意义深远的创新价值，乡村CEO的招聘与培养也成为了各地推进乡村振兴的重要抓手。也就是在2023年，无论是在西部的云南、重庆、广西，还是在东部的浙江、广东，我们与越来越多的地方政府一起推动乡村经营性人才的培养，越来越多的村庄也聘上了乡村CEO。2024年，在农业农村部的指导下，中央农广校、中国农业大学、腾讯共同启动了面向全国的"万名乡村职业经理人培养计划"，首批选定在湖南、湖北、山东、陕西四省试点培训，将有更多的省出现乡村经营的火种。我们也注意到，除了我们直接参与的项目，越来越多的地方政府和社会力量也正在被催化、被感染，投入到了乡村CEO的培养中来，投入到乡村经营中来，乡村经营的生态正在蓬勃生长。截至2024年底，腾讯直接参与的乡村CEO培养项目，在各地政府的主导下覆盖到了17个省（自治区、直辖市）的309个县。

不仅在国内，乡村CEO培养的经验也正在成为中国减贫经验的组成部分，助力面向国际输出中国减贫经验、讲好中国减贫故事。2024年，作为中非合作论坛峰会的配套落地行动之一，中国农业大学、腾讯公司、坦桑尼亚姆祖比大学与乌干达马克雷雷大学商学院签署共建中非乡村青年创业促进研究院合作协议。作为研究院工作之一，"中国农业大学－腾讯为村非洲青年兴乡计划"在坦桑尼亚桑给巴尔和乌干达启动，首批20名非洲青年来到中国学习考察，作为火种将中国乡村经营的经验和案例带回非洲；中国农业大学和腾讯公司还共同发起了"乡村CEO英领计划"，首批15名中国乡村CEO赴日本学习，不仅是为了让乡村CEO拓展国际视野，更是为了持续引领探索乡村经营性人才培养的创新方案。

而从腾讯推动可持续社会价值创新的路径来看，我们不仅是提供了培训的部分资金支持；更为关键的是，腾讯的数字化链接能力正在为乡村CEO们链接知识、链接彼此、链接资源、链接市场带来了更多可能。为了方便乡村CEO学习交流，我们上线了"共富乡村学堂"，目前注册用户超过了7万人，其中5万多人为培训项目的学员，人均学习时间达到了65分钟。学习平台大大降低了各地培训项目的成本、提高了培训效率、便捷了学员链接知识和链接彼此，从而激发内生动力和抱团发展。

我们看到，在数字化工具的加持下，不仅快速扩大了培训覆盖度，还让乡村CEO学员们带动村庄更加便捷地链接资源与市场。也就是说，那一粒粒火种正逐渐成为火苗，正在抱团发展，燃成一片、带动一片。乡村数字化经营作为特色培训模块广受学员们好评，特别是依托微信生态的视频号、微信小店等专项培训。例如，2024年12月至2025年3月开展的"乡村CEO秀云南"等直播实战培训，15场累计总场观达到42万人次；2024年12月至2025年2月开展的微信小店培训及实战活动，500名学员报名参加学习，开通近100个微信小店，上架1 000余款农产品，这些小店的总订单量达到48万多单。我经常会举乡村CEO计划一期学员黄金的例子，在学习过程中，他就联合班里的同学抱团发展，不但联合出资在成都和桂林成立了公司实体，还成立了"乡村CEO甄选"农产品电商服务平台，目前平台上就汇聚了全国乡村CEO学员所在110个村庄的600多款"土特产"，去年通过视频号直播、达人带货及微信小店等方式，实现了近160万元的营收。今年，他联合乡村CEO计划二期的几名学员，扎根在成都，正在探索多村抱团发展的乡村经营模式。还有一期学员廖志腾，在学习期间，就选择了和同样来自广西桂林龙胜的同学潘玉祥、潘德辉抱团发展，三人先共同在当地成立了自己的农文旅公司，通过微信视频号、微信小店、云认养小程序、云服务小程序等数字化工具逐渐从串起6村到串起15村，与超过20名乡村CEO人才抱团发展，创新当地"土特产"组合销售、农文旅业态线路化经营。而在重庆酉阳何家岩村，这个我们为了验证观察乡村 CEO 培养效果，探索总结出"机制+人才+数字化"内生型系统性共富乡村建设解决方案的第一个示范村，建设之初的 2021 年，村集体经济收入不到 100 万元，在乡村 CEO 团队与项目专班的共同努力下，村集体经济收入增加到 2022 年的 479 万元，2023 年攀升至 699 万元，2024 年突破了 700 万元。更为可喜的是，何家岩共富乡村模式已被当地政府主导复制到全县 50 个村。

为乡村经营播下一粒粒火种，任重道远，注定是一件难而正确、需抱有长期主义决心的事，需要更多培养机构具备专业的培养能力，需要各级政府及各类服务主体共同形成一个服务乡村 CEO 的生态圈。非常欣喜的是，云南昭通学院"中国乡村 CEO 学院"又快走、早走了一步，结合这两年的教学管理实践，组织编写了《乡村 CEO 职业素养》《乡村 CEO 沟通实务》《乡村 CEO 法律实务》《乡村企业市场营销》《乡村企业库存管理》和《乡村企业财务管理》等一套系列图书，相信这套丛书不仅对乡村 CEO 有极强的学习实操价值，并且对培训机构研究和借鉴乡村 CEO 培养具有很强的参考价值。

是为序。

2025 年 1 月于北京

# 前言

当今社会,乡村不再像人们传统观念中那样偏远与落后,随着乡村振兴战略的深入实施,不少地方的乡村发展呈现勃勃生机,乡村社会治理体系不断创新,对乡村管理人才提出了更高、更专业的要求。"无沟通,不管理"是现代企业管理者的一个基本共识,乡村 CEO 作为乡村建设和发展的新兴力量,其沟通能力对惠农政策的落实、乡村资源的整合以及联农带农机制的构建都会产生重要的影响。遗憾的是,目前关于沟通方面的教材和课程不多,针对乡村 CEO 的教材更是稀缺,为此,迫切需要编写一本实用性强的《乡村 CEO 沟通实务》教材。

### 沟通技能:乡村 CEO 管理的必备良方

沟通,是人与人之间信息传递、情感交流、思想碰撞的过程,也是乡村 CEO 开展工作不可或缺的基本技能。在乡村振兴的广阔舞台上,乡村 CEO 需要与政府部门、企业、社会组织、村民等多方力量进行有效沟通,以达成共识、协调资源、推动项目落地。良好的沟通能力,能够帮助乡村 CEO 准确把握政策导向,争取更多外部支持;能够激发村民的内生动力,形成乡村振兴的强大合力;能够优化资源配置,实现乡村可持续发展。

### 教材特色:在案例中学习沟通知识与技能

本教材在编写过程中,对乡村 CEO 应具备的沟通知识与技能,以构建和谐高效的营商环境为目标,以模块化项目学习为内容,以案例分析为基本的学习方法,教材融入多种沟通技巧和策略,如倾听的艺术、表达的技巧、冲突的解决等,旨在帮助乡村 CEO 全面提升沟通能力,更好地适应乡村振兴的工作需要。

### 目标读者:乡村 CEO 的成长伙伴

本教材的目标读者是广大乡村 CEO 及有志于投身乡村振兴事业的管理者。无论你是初入乡村管理领域的新手，还是经验丰富的老将，我们希望通过这本教材，能够激发更多乡村管理者的热情和智慧，共同为乡村振兴贡献力量。

## 结语

乡村现代化是中国式现代化的重要组成部分，乡村作为人类精神家园的象征，承载着丰富的情感记忆与文化传承，是心灵得以栖息与回归的净土。乡村CEO肩负着引领乡村发展的重任，我们相信，通过不断学习和实践，《乡村CEO沟通实务》将成为乡村CEO成长道路上的得力助手，帮助乡村CEO创造更加美好的乡村未来。

2024年9月10日

# 目 录

**项目一　乡村 CEO 沟通基础** ········································· 1
  任务一　沟通的含义 ············································· 1
  任务二　沟通障碍 ··············································· 8
  任务三　沟通技巧 ·············································· 15

**项目二　乡村 CEO 自我认知与自我管理** ······························ 24
  任务一　自我认知 ·············································· 24
  任务二　自我管理 ·············································· 43

**项目三　乡村 CEO 与企业内部沟通** ·································· 48
  任务一　与员工相关的沟通 ······································ 48
  任务二　与管理层相关的沟通 ···································· 67
  任务三　与股东相关的沟通 ······································ 73

**项目四　乡村 CEO 与企业外部沟通** ·································· 78
  任务一　与政府部门的沟通 ······································ 80
  任务二　与合作伙伴的沟通 ······································ 84
  任务三　与不同媒体的沟通 ······································ 93

**参考文献** ························································ 97

# 项目一　乡村 CEO 沟通基础

## 项目概述

沟通是有效参与社会活动的重要基础。本项目主要对乡村 CEO 沟通理论进行讲解,首先详尽地介绍了沟通的含义,主要包括五大主题,即沟通的概念、要素、过程模型、功能和类型。然后在充分认识沟通含义的基础上,着重分析了沟通障碍产生的原因,并提出了如何采取有效措施去消除这些沟通障碍。最后对在沟通中使用的沟通技巧进行了介绍,这些技巧主要包括倾听力、表达力、反馈力和非语言沟通。因此通过对本项目的学习,学习者应当要清晰掌握沟通的含义,并在学习的过程中了解清楚如何克服沟通障碍,并学会运用相关消除障碍的原则,最后掌握好沟通的有效策略和技巧,并能够与他人进行有效沟通。

## 任务一　沟通的含义

### 引导案例

**小王为什么"冒火"**

一天早上,村民老李来到村委会咨询自己的"粮种补贴"的相关问题。为了及时得到回复,老李便早早地从家里赶到村委会。但是他到村委会时,还没有到上班的时间,老李就坐在村委会办公室的凳子上等待,等到了九点多钟,村委会负责补贴的人员——小王才姗姗来迟。由于之前老李就多次咨询过小王关于自己"粮种补贴"的问题,但是补贴打款流程长、时间久,并且还没有到补贴发放的时间。小王看见老李再次来询问,便有些不耐烦,没有理睬老李。老李见小王没有理自己,便大声地吼叫了起来:"为什么到点了,你还不来上班,来得那么慢?我叫你为什么装作听不见……"接着,两个人就吵了起来。

这时,村委会主任闻讯赶了过来,结束了这场吵闹,安抚好老李,并马上安排其他人来为老李解答相关问题。最后,老李解决完问题后离开了村委会。

之后，村委会主任把小王带到办公室，给他倒了一杯水，请他坐下来平复情绪。原以为要挨一顿批评的小王，看到村委会主任和蔼的态度和表情，脸色开始好转了起来，聊了一会儿家常之后，村委会主任问小王："你为什么要和老李吵架？"

"这个老李烦得很，之前几次来问补贴的问题，我都给他讲了的，但是他还是要一直来问，"小李便把心中的不快全部讲了出来，"之前给他讲了相关问题之后，说了要等过一段时间补贴会自动发下来，但是他却一直在说，去年都是这个时间下来的，今年咋个就不行？还说是不是我把他的补贴偷吃掉了，说我看他是老人，就不耐烦，想诓骗他。"

"那么，今天早上你为什么会迟到呢？"村委会主任温和地问道。

小王的脸瞬间就红了起来，不好意思地说："昨天晚上和朋友去县里吃了个饭，还喝了点酒，睡觉睡晚了点，早上起晚了。"

"这样说来，今天早上的争吵是你的不对？"村委会主任严肃地说。

"对的，是我的不对，我迟到了应该批评。但是老李一直来问我，还老是说我这样不好那样不好的，加上来得有点急，就有点上脑子，和他吵了起来。"小王轻声地说道。

"好吧，"村委会主任站起来拍着小王的肩说，"我们作为基层服务者，就是要为父老乡亲提供帮助，解决问题，要是他们自己会处理还要我们来干什么，还要跑来问你做什么？你早上迟到是不对的，你要和气地对待群众，不要看人家是老年人，就懒得搭理，要注意一下说话的方式。我相信如果你好好地再为老李讲清楚这些事情，耐心一点，老李就不会再找麻烦的。如果你想通了，记得去找老李道个歉，下次再遇到这样的事，要更好地处理。"

小李走出房间后，回到自己的座位上，仔细想了想今天发生的事，认识到了自己的不对。于是，在下班后，主动到老李家中道歉，并再次耐心地为老李详细地解答了相关问题。

第二天中午，老李又来到村委会找到小王说："今天早上补贴已经到了，谢谢小王，多次麻烦你了，之前的话语有些冲，还希望你别介意。"小王听到以后，觉得自己做得值，之后的工作也明显积极了起来。

案例中的小王为什么和老李争吵起来了，却十分和气地听村委会主任的话呢？

## 一、沟通的概念

沟通就是指可理解的信息或思想在多人之间进行传递和交换的过程,几乎所有的工作都会和沟通产生联系。在这里需要注意两点:一是信息的传递,二是对信息的理解。如果一个人的信息和观点没有被表达出来,那么就不会发生沟通,此外,如果没有人听见讲话者的讲话,或者没有人去看、去阅读写作者的材料,那么也不会发生人与人之间的沟通。要想使得沟通变得成功和有效,信息必须被准确地表达和理解。两个人围绕一个话题展开沟通,一个人用英语,而另一个不懂英语,这不能视为沟通,只有当另一个听得懂英语并且理解对方说的意思,才能进行有效沟通。人与人之间要想进行有效沟通,只有在表达者将自己的本意准确表达出来,而且这些信息和观点能够被接收者接受和理解时,才能产生。

## 二、沟通的要素

沟通就是发送者发送信息以及接受者接受信息的过程,在这个过程当中包含着4个要素:发送者、信息、媒介、接受者。在整个沟通过程当中,首先是发送者将信息翻译成某些符号便于进行传递,然后通过某种媒介将其传递给接受者,由接受者将收到的符号转化为信息,对其进行理解并反馈,通过此种方式,发送者所要表达的意思就传递给了接受者。

### 1. 发送者

发送者也称为信息源,通过其将信息翻译成某些符号传递给接受者。在将信息翻译成符号的过程中,受发送者自身的技能条件、知识水平和社会文化的影响。首先,因为要进行沟通的就需要一个人具备一定的听、说、读、写以及逻辑演绎能力,就像歌唱家能成功地把信息传递给听众,依赖于歌唱家的演唱能力。其次,任何人都不会把自己不清楚、不理解的信息传递出去,即使传递出去,接受者也理解不了传递的信息。最后,社会大众流行的许多观点和看法也深深影响着我们的行为。

### 2. 信息

信息是指发送者和接受者之间发送、传递和接受的内容。这些信息其实都是经过翻译的,就像当人们说话时,说出的话是信息;在写作时,纸张上写出的内容是信息;画画时,图画是信息,此外,要知道的是,在沟通过程中,不管用什么媒介来传递信息,信息都会存在失真的可能。

### 3. 媒介

媒介是发送者进行传递信息时选择的承载物。如书面沟通时,纸张就是信息的承载物。在沟通过程中,一个信息的传递可以选择多种不同的媒介,不同的媒介所表现的效果是不一样的。例如，邀请别人一起吃饭，你可以直接跟他说（口头沟通），也可以写信邀请（书面表达）。要注意的是，我们在选择信息传递的媒介时，一定要根据不同的信息选择合适的媒介，以此减少信息在传递过程中的失真，增加信息传递的应有效果。

### 4. 接受者

接受者是信息传递过程中的最终目的地。与信息发送者一样，接受者同样受到自身的技能条件、知识水平和社会文化的深刻影响。在沟通过程中，发送者应当善于写或说，接受者则应善于读或听，并且两者都应具备一定的逻辑演绎能力，此外，接受者不同的行为态度或者文化背景也会导致对传递过来信息的理解差异，从而很有可能导致信息的失真。

## 三、沟通的过程

简单地说，沟通就是传递信息的过程。在传递信息的过程中必须存在一个发送者和一个接受者，即发出信息的一方和接受信息的一方。怎样实现人与人之间的信息传递？图 1-1 就描述了该过程。

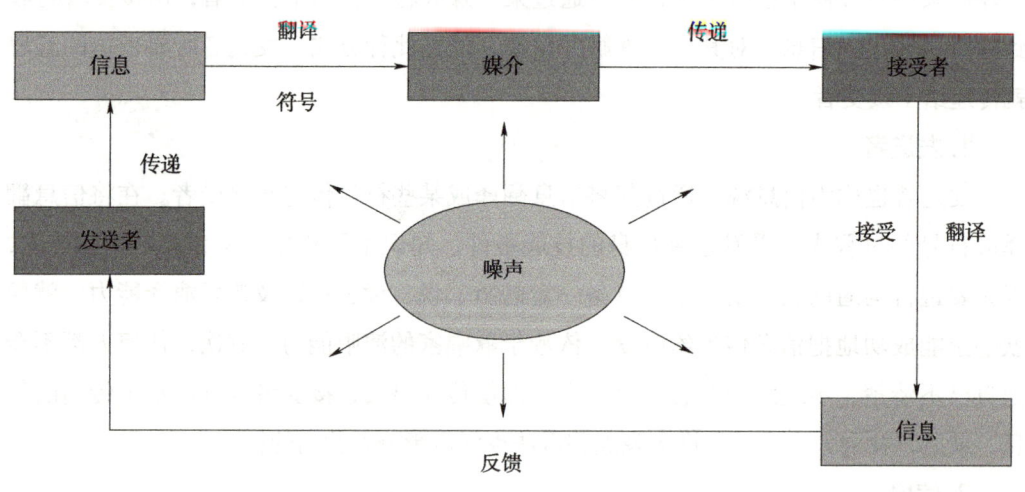

图 1-1 沟通的过程模型

（1）发送者需要向接受者传递信息或者需要接受者提供信息。这里所说的信息范围很广，诸如想法、看法、观点、资料等。

（2）发送者将这些信息翻译成接受者能够理解的一系列符号。为了进行有效的沟通，这些符号必须要符合相应的媒体特点。例如，媒体是书面报告，符号的形式应当选择文字、图表或者照片；媒体是讲座，符号应当选择文字或者板书。

（3）将上述符号传递给接受者。由于在信息翻译过程中选择的符号形式不同，传递的方式也不一样。主要方式有书面的（写信）、口头的（交谈、讲话、电话等）、身体动作（手势、面部表情、姿态等）等进行信息的传递。

（4）接受者接受这些符号。接受者根据这些符号的传递方式，选择相对应的接受方式。例如，这些符号是口头形式的，接受者就必须仔细地听，否则符号就会丢失。

（5）接受者将这些符号翻译成具有特定含义的信息。由于发送者在信息的认知和传递过程中的能力不同，以及接受者认知和接受能力的不同，传递信息的内容经常就会被曲解。

（6）发送者通过反馈来了解他想传递的信息是否被接受者准确无误地接受。在通常情况下，由于沟通过程中存在的诸多干扰信息传递的因素（通常将这些因素称为噪声，如难以辨认的字迹、网络信号差的通话、接受者的疏忽大意等），使得沟通的效率大大降低。所以，发送者了解信息被理解的程度是十分必要的。图1-1中的反馈，构成了信息传递过程中的双向流动。

### 四、沟通的功能

沟通的功能主要有以下4种，即心理功能、社会功能、职业功能和决策功能。

**1. 心理功能**

人是社会性物种，需要通过沟通与他人进行信息交换。信息交换的过程中也为其认清自我提供了重要渠道，人们在沟通过程中希望自己的想法、观点、建议等被认同，从中找到被别人肯定、尊重。通过与他人沟通，能够进一步认清自我，从他人的评价中发展和调节自我，此外，人是生活在一定的社会环境中的，必须通过沟通与他人建立联系。与他人沟通的机会、能力等的丧失或衰退都会导致自我怀疑，导致心理失调。

**2. 社会功能**

与他人沟通除了满足自身生理功能和心理功能的需要以外，沟通还为人们提供了社会功能的需求。通过沟通的社会功能，人们可以与他人建立、维持和发展人际关系。个人通过接受社会信息，学习社会知识和理论，并进行社会活动，此外，通过沟通，人们可以树立社会意识形态，提升自身素质，强化自身综合能力，从而成长为社会所需的合格人才。

**3. 职业功能**

在不同的职业类型下，对沟通的要求也是不一样的。如老师、医生、心理咨询师等是对沟通能力要求较高的职业。这些职业的从业人员自身的沟通能力在很大程度上决定了其职业效果、工作成效以及个人的职业道路。作为乡村CEO，沟通能力的高低也在很大程度上决定着你是否能融入群众、融入乡村。

## 4. 决策功能

人们在进行决策时，通常都是依靠自身所掌握的信息量。而信息是从什么地方得到的呢？答案也是沟通。通过沟通，人们之间的相互关系建立的同时，信息也在进行互换，从这些信息中获得想法和帮助，从而进行正确的决策。

## 五、沟通的类型

### 1. 按照功能分类

沟通可以分为工具式沟通和感情式沟通。一般来说，工具式沟通是指发送者将信息、知识、想法、看法、要求等传递给接受者，其目的是影响和改变接受者们的行为，最终达到所想要的目标。感情式沟通是指人与人之间表达情感，从而获得对方精神上的同情和谅解，最终改善两者之间的关系。

### 2. 按照方法分类

沟通可以分为口头沟通、书面沟通、非语言沟通、体态语言沟通、语调沟通以及电子媒介沟通等。各种沟通方式之间的比较如表1-1所示。

表1-1 各种沟通方式比较

| 沟通方式 | 主要形式 | 优点 | 缺点 |
| --- | --- | --- | --- |
| 口头 | 交流、研讨、会议、电话等 | 传递速度较快、及时反馈、可以传递大量信息 | 传递过程由于经过重重层次，信息失真也就越严重，并且对信息的确认也越困难 |
| 书面 | 信件、报告、文件、期刊书籍、布告等 | "白纸黑字"保存时间长、可以有效核实确认 | 效率太低、反馈不确定 |
| 非语言 | 声音语调、动作表情、服饰标志等 | 传递信息丰富、含义深刻灵活、意义明确 | 传递距离有限并且边界较为模糊，不同的人理解程度不一 |
| 电子媒介 | 传真、电子邮件、互联网等 | 传递速度快、传递距离远、信息内容多、交流效率高 | 在传递过程中易受噪声影响，并且难以预料 |

### 3. 按照组织系统分类

沟通可以分为正式沟通和非正式沟通。一般来说，正式沟通是以正式组织系统为渠道的信息传播。非正式沟通是通过非正式组织系统或以个体为渠道的信息传递。

### 4. 按照方向分类

沟通可以分为下行沟通、上行沟通、平行沟通和网络沟通。下行沟通是指上级将信息传递给下级，是由上而下的沟通。上行沟通是指下级将信息传递给上级，是由下而上的沟通。平行沟通是指同级之间的横向的信息传递，也被称为横向沟通。利用网络可以实现上下左右的网状沟通。

### 5. 按照是否进行信息反馈分类

沟通可以分为单向沟通和双向沟通。单向沟通是指没有反馈的信息传递。双向沟通是指有反馈的信息传递，是发送者和接受者相互之间进行信息交流的沟通。

**课后练习**

扫描二维码答题

## 任务二 沟通障碍

**引导案例**

### 乡村CEO李磊与村民的沟通障碍

在天山脚下的青云村,一群淳朴的村民世代以务农为生。这是一个拥有美丽自然景观但交通闭塞的村庄,主要种植水稻和小麦。青云村虽然土地肥沃,但由于缺乏科学的种植方法和机械化设备,产量一直不高,村民们的生活水平较为落后。为了改善这一现状,当地政府推出了一项创新的"乡村振兴计划",并派出了一位年轻有为的乡村CEO——李磊。

李磊毕业于某农业大学,拥有丰富的现代农业知识和管理经验。他雄心勃勃,决定用自己的智慧和努力帮助村民们脱贫致富。然而,理想和现实总是存在差距,李磊在与村民沟通过程中遇到了重重障碍。李磊上任后的第一件事就是召集全村村民在村委会召开了一次大会。他在会上详尽地介绍了"乡村振兴计划"的内容,包括引进现代农业机械、使用高效种子和肥料、开展农业技术培训等。李磊自信满满地认为这些计划会得到村民的热烈响应,然而村民们却反应平淡,甚至有些冷漠和抵触。李磊疑惑不解,决定在会后与几个村民单独沟通,了解他们的真实想法。然而他发现,村民们普遍抱有很强的疑虑和不信任感。他们认为这些新技术复杂且昂贵,担心政府的钱花完后,自己负担不起设备的维护和运营费用。一位年长的村民坦言:"我们习惯了这种生活方式,你说的新办法也许好,但太难了。"李磊逐渐意识到,自己与村民们之间存在着巨大的文化差异。村民们习惯于依赖经验和传统方法,面对全新的现代化设备和技术术语,他们感到陌生和不安。李磊在讲授新技术时,常使用现代农业的专业术语,村民们听得云里雾里,根本无法消化这些信息,此外,除了文化差异外,信任问题也是李磊面临的一大挑战。青云村的村民们几代人都生活在这个偏远的村子里,他们之间建立了深厚的信任关系,但对于李磊这样一位外来者,村民们普遍持保留态度。有人认为李磊可能只是来"镀金"的官员,做些表面文章,并不会真心实意地为他们谋福利。信息传递不畅也是李磊面临的一大问题。现代社会大多使用手机和网络来交流,而青云村的很多老年人甚至没有手机,他们更多依赖口口相传或定期的村务会议。这种信息传递方式使很多重要信息未能及时传达到村民手中,导致一些培训和活动的出席率很低。

为了解决这些问题,李磊首先是决定改变沟通策略,他邀请了几位通俗语言表达能力强的同事和农业技术专家,一起设计了一些简明易懂的培训材料。他们用图文并茂的方式，向村民们展示了新技术的运用方法和好处，还拍摄了几段由普通农民使用现代化设备的现场视频。其次，李磊决定从增强信任入手。他从生活细节做起，主动参与村里的各种活动，结识了很多朋友。为了打消村民们的疑虑，他还请来了几位成功运用现代农业技术的模范农民，让他们现身说法，讲述自己的亲身经历。同时，李磊邀请村里德高望重的老人加入项目的决策和推进，让他们参与每一步计划的制定和实施。最后，李磊转变了自己的信息传递策略。他将原先的电子通知改为更传统的方式，如张贴公告、走访农户等。他还组织了一些小型的村庄聚会，向村民解释计划的每一个细节，并耐心解答他们的疑问。同时，邀请村里的年轻人参与进来，通过他们的社交网络将信息进一步扩散。

通过一段时间的努力，李磊发现村民们的态度有了明显改观。更多的村民开始积极参与到培训中，尝试使用新设备和新技术。李磊还制定了激励措施，对于最早一批愿意试用新技术并取得明显效果的农户给予一定的经济奖励和政策支持。为了让村民更好地掌握新技术，李磊和其团队设计了长期的培训计划，并建立了一个集中的农业技术服务站。服务站不仅提供设备的租赁、维修，还指导村民在不同季节如何进行科学种植。每当新技术取得了明显成效，李磊都会在全村范围内进行宣传推广，通过成功案例激励更多的村民参与进来。

经过两年的努力，青云村的农业面貌焕然一新。机械化和现代化种植技术在整个村庄得到了普及，农作物产量显著提高，村民们的收入逐步增加，生活水平有了较大改善。李磊与村民们不仅解决了沟通上的障碍，还建立了深厚的友谊和信任。

这一案例表明，在乡村发展过程中，沟通障碍的产生有文化、语言等方面的原因，是对信任和信息传递方面的挑战。只有通过耐心、细致和坚定的努力，理解并尊重村民的想法和需求，才能真正实现现代化技术与传统经验的融合，推动乡村振兴。李磊的成功案例为未来乡村振兴工作提供了宝贵的经验和借鉴。

## 一、沟通障碍产生的原因

我们在懂得什么是沟通，沟通的过程，以及沟通的功能和类型后，离实现人与人之间的有效沟通还有一定距离。这是因为在人与人实际沟通过程中，经常会存在着这样或那样的沟通障碍，从而破坏了有效沟通的实现，甚至会导致沟通的中断。所以，作为乡村CEO是有必要了解到人与人在沟通过程中障碍产生的原因，以此减少在沟通过程中的障碍，增加沟通的有效性，从而能够有效实现时间效益最大化。

### （一）个人因素方面

主要包括以下 5 个方面：身体状况、心理状态、年龄大小、文化习俗、语言因素等。

#### 1. 身体状况因素

（1）先天/后天的生理缺陷。主要集中于身体感官功能的缺失，像聋、哑、盲等；智力的不健全，像智力障碍等。人们与具有这一类身体生理缺陷的人在沟通过程中往往会花费更多的时间和精力，并且还需要使用一些特殊的沟通方式才能实现信息的交流。

（2）短暂性的生理不适。主要包括饥饿、疲劳、疼痛等短暂性的生理不适，这些短暂性的生理不适容易让人们注意力不集中，影响沟通的正常进行、减少沟通的有效性。

（3）疾病。疾病的产生能够严重影响人与人之间的沟通进行，甚至不能进行正常的沟通过程，这对实现沟通的有效性产生了巨大的障碍。这一类沟通障碍主要有：休克、窒息、精神疾病等。

#### 2. 心理状态

（1）情绪。情绪是一种复杂心理状态，具有很强的感染力，是能够直接对人与人之间的沟通产生影响的。高兴快乐的情绪可以增加人们之间沟通的有效性和沟通兴趣；而当一个人在生气和害怕的状态下时，容易产生情绪过激，反应太过强烈，常常会导致人们之间沟通的中止或结束，从而影响人们之间的信息传递。因此，作为乡村 CEO 要有一颗灵活的头脑，及时发现在沟通过程中双方产生的情绪问题，同时要学会控制自己的情绪，确保双方在沟通过程中的信息传递有效，实现有效沟通。

（2）个性。个性是指一个人在生活当中的精神面貌和状态，也是沟通障碍产生的心理状态之一。在通常状态下，一个人在生活中大大咧咧、说话直爽、热情开朗、善解人意，这样的人在沟通中往往会容易很多；一个人在生活中抠门、脾气犟、冷漠自大，这样的人就会很难沟通。

（3）态度。态度是人们在接触相关事物过程中所表现出的相对稳定的一种心理状态，其表现形式有很多种，同样也是决定有效沟通的因素之一。假如一个人拥有一个真心、诚恳、踏实的态度，那么我们在沟通过程中往往会感到快乐，沟通的过程也会十分顺利；而当一个人是虚情假意，没有从实际问题出发的态度时，沟通是难以进行的，从而产生沟通障碍。

#### 3. 年龄大小

年龄的大小也是影响着沟通的有效性，往往也是沟通双方沟通障碍产生的因素之一。就像两三岁的小孩在看见不认识的人时，往往会表现出害怕的状态，即使这个小孩不害怕，但是其语言的表达能力也是有限的，也就是连说话都说不清楚，那怎样进行有效沟通呢？此外，像一些上了年纪的人，其听力、视力、说话能力、反应能力往往会有减退现象，在沟通过程中也会较为困难。因此，不同年龄的人，其自身的人生阅历和实践经验是不同的，对事物的兴趣程度也是大小不一的，这些都是影响沟通有效实现的因素。

#### 4. 文化习俗

文化习俗是指人们生活的社会文化背景，不同地方、不同民族、不同职业、不同信仰的人由于其社会文化背景和生活习惯的不同，往往在说话方式、说话语气和情感表达上是不一样的。因此，当两个刚认识的，文化习俗背景不同的人在沟通过程中往往会产生误解。就好比北方人豪迈，南方人温婉；外国人奔放，中国人含蓄。因此，在与不同文化习俗的人沟通时，要彼此理解和尊重对方的文化差异。一个村里可能会居住着不同民族、不同信仰的居民，作为乡村CEO要对他们的情况进行详细了解，尊重和理解他们的习俗习惯，才能进行有效沟通。

#### 5. 语言因素

语言是人们沟通过程中最重要的沟通工具，也是最为复杂的沟通工具。同一个东西，甚至同一个动作，在不同的地方其语言表达方式是不一样的。像最常用的生活用语"去"，普通话说"qu（四声）"，而在我国某些区域或地方则是说的"ke（二声）"。我国疆域广阔，"十里不同音，百里不同俗"的状况还有很多。并且，我国还是一个多民族国家，不同民族之间的语言有所不同，同一个村寨里可能有苗族、彝族、壮族……因而语言的相互熟悉是十分有必要的，此外，如何把要讲的话说明白、说清楚、说到位，也是十分重要的。作为乡村CEO除了要明白沟通过程中对方说的话，表达的意思以外，还要注意自己的语言表达技巧。恰当的说话除了能够实现沟通的顺利进行，还有助于乡村CEO融入当地民众当中去。

### （二）环境因素方面

环境因素方面主要有物理环境和心理环境两个方面。

#### 1. 物理环境

主要是指人们沟通过程中所在的地理场合，主要包括所处环境的安静程度、亮度、温度等。在沟通过程中如果有噪声、亮度太高或太暗、温度过高或过低等状况，都会影响沟通双方之间的心情，从而影响沟通效果。

（1）安静程度。安静的环境是保证人们在口头语言沟通过程中信息有效传递的必要条件。如果双方在沟通过程中处于一个人声鼎沸、汽车喇叭轰鸣不止、嘈杂的脚步声等各种声音当中，甚至其中一个人发出与沟通无关的笑声都会直接影响沟通的有效进行。当对方说话声音不够大，可能会因为这些噪声的干扰，导致对方听不清而失效，从而发生沟通障碍。

（2）舒适程度。环境的舒适度也是沟通能否顺利进行的重要因素之一。在一个亮度合适、温度合适的环境当中，人们之间的沟通往往会很顺利地进行下去；而在一个光线昏暗、室温过高或过低，又或者充满着难闻气味的环境当中，则会导致沟通双方的注意力不集中，沟通往往会难以进行。因而乡村CEO在与人沟通过程中要努力创造一个安静、舒适、安全的环境，才能有利于双方的沟通。

（3）距离程度。心理学家通过研究发现，人们在沟通过程中，根据人与人之间沟通距离的远近，沟通产生的氛围也会不一样，最终的沟通成效也会不一样。双方在较近距离内进行沟通时，容易产生舒适融洽的氛围，沟通进程也会顺利；而当沟通距离较大时，则会产生攻击的氛围，不利于沟通的有效进行。

### 2. 心理环境

主要是指人们在沟通时是否存在心理压力或紧张，在沟通过程中缺乏对别人隐私的保护，或者因人际关系的不和，导致别人产生紧张、焦虑或恐慌等情绪，这些都会不利于沟通的有效进行。作为乡村CEO，与群众在沟通过程中，一定要仔细观察沟通对方的情绪状况，注重对别人的隐私保护，和人际关系的处理。

## （三）信息传递因素

信息传递因素主要包括两个方面：一是信息在传递过程中的层次长短，二是所使用的信息传递途径。

### 1. 传递层次

信息在传递过程中所经历的层次越长、人越多，其失真的情况也就越高。信息每多传递一次，就会产生多一份丢失的可能性。在一些大的组织系统当中（如大型企业），人员级别众多、层次繁杂，每个层次管理人员不一样，在互联网不发达的时代，信息在传递过程中耗时费力，除了造成信息传递速度的减慢，还容易造成信息失真。当一句话第一个人传递给第二个人，第二个人再传递给第三个人，到最后的一个人所得到的信息早已失去了原有的真实性。

### 2. 传递途径

这里的信息传递途径不是之前所说的沟通类型中的按照方向分的向下沟通、向上沟通、平行沟通和网状沟通，而是按照方法所讲的口头语言传递、书面传递等。一般来说，口头语言传递和书面传递各有所长。

（1）口头语言传递。如面对面的交谈、电话、讲座、会议等，这种信息传递方式比较适合用于拥有不同观点的人之间进行。主要有4个优点：一是传递信息的速度快，并能够得到及时的反馈；二是有利于敏感或秘密的信息传递；三是传递不合适书面媒介的信息；四是适合于传递带有情感色彩或非语言暗示的信息。

（2）书面传递。如图表、表格、公告、报告等，常常用于传递篇幅较长、内容详细的信息。同样有 4 个优点：一是易于远距离地传递；二是易于储存和记录，能够在作相关决策时提取有效信息；三是白纸黑字，能够有据可查，保证信息传递的真实性；四是方便读者以自己合适的速度、方式接收信息。

## 二、沟通障碍的消除

良好的沟通关系的建立，以及沟通工作的顺利进行都是有赖于有效的沟通。通过上面的内容，我们认识到了沟通障碍产生的相关原因，那么接下来我们就要认识和掌握如何有效避免甚至消除这些沟通中的障碍。作为乡村 CEO 要想和群众做到有效沟通，就必须要遵循以下沟通障碍消除的基本原则。

### 1. 尊重他人原则

尊重是指对他人的尊敬和重视。在沟通过程中，彼此的相互尊重不仅是双方互信互动的基础，也是人们在日常生活中化解矛盾、消除隔阂，维持融洽关系的关键因素。值得注意的是，在与他人沟通过程中，尊重不仅是对其人格的尊重，像和气待人、不说脏话等，同时还要尊重他人的相关权利，包括他人的知情权、决定权等，此外，对他人的尊重，还包括自己不论在什么场合、什么时间、什么事情等上，要不分男女老幼、贫富差距、美丑智愚、亲疏远近等一视同仁，给予尊重和帮助，做到尽心尽力。作为乡村 CEO 不要因为前来沟通的某些群众或是老年人，或是没有什么文化水平，或是不会使用手机，或是身体残缺就表现出一副嫌弃、不耐烦的样子，这不仅会丢失自己在群众中的地位，也会让自己很难融入到群众中去，最终导致自己工作的失败。因而，乡村 CEO 应该把"尊重他人"的思想时刻牢记心中，并付诸实践。

### 2. 互信互动原则

任何沟通过程都需要沟通双方的共同参与，沟通双方的相互信任和相互联动程度，对于改善沟通效果，实现良好沟通有着重要的影响。在沟通过程中必须要保证信息发送者和信息接受者之间处于一个双向互动和信任的状态，而不能是单向信息输出或任意一方的信息处于封闭状态。作为乡村 CEO 在与群众进行沟通过程中，要时刻牢记双方是一个相互平等的交流地位，要有耐心地听取群众提出的意见、想法，把自己富有诚意的一面表现出来，取得、保持并提高群众对自己的信任。在沟通过程中要不断观察群众的表情变化，及时解答群众的相关疑惑；而不是强迫群众接受自己的想法，或者拒绝与群众进行交流。只有当自己与群众达成一定的共识并建立一个相互信任的关系时，才能解决最终的问题。

### 3. 信息明确原则

信息明确原则是指双方在沟通过程中，使用的语言、信息传递方式、信息表达方式等能够被沟通双方接受并知道其意思，只有这样沟通过程中的信息才是有效的，信息才是明确的。这是因为只有当所要传递的信息是明确的才能起到有效沟通的作用。所以，乡村 CEO 在与群众沟通过程中，首先是要明确知道对方所表达的信息，并在需要时对传递过来的信息进行核对、查实；其次就是要让群众明确知道自己所提供的信息是什么，比如在村寨当中与孤寡老人进行沟通时，可能对方听不懂普通话，又或者听力不好，这时乡村 CEO 就需要讲话的声音大一点，多重复几次，询问对方是否听清，在讲话中还应当注意使用通俗易懂的语言，尽可能使用当地方言，且要表达简洁明了。

### 4. 沟通连续原则

作为乡村 CEO 免不了和群众打交道，免不了为群众解决问题。要想实现问题的顺利解决，沟通作为问题解决过程中的信息表达载体，是需要保持连续的。沟通连续主要体现在双方沟通时间连续、沟通模式连续和沟通内容连续。沟通时间连续是指乡村 CEO 与群众双方围绕问题的解决要保持长时间、不间断的沟通，这种在时间上的沟通连续有助于乡村 CEO 对群众问题的快速掌握和动态了解，有助于加强乡村 CEO 与群众之间的相互联系，进而建立稳定关系。沟通模式连续则是乡村 CEO 与群众围绕问题解决进行选择的沟通方式方法、渠道途径等方面要符合双方意愿、效率效果良好。但在通常情况下，一般都会优先尊重群众的习惯，采用他们易于接受的沟通方式。沟通内容连续是乡村 CEO 在解决群众提出问题时，双方之间的沟通要围绕问题进行逐步展开，如问题发生的原因、过程、目标等，前后之间的内容要保持一致并且具有连续性，这就要求乡村 CEO 要对群众提出的问题认清来龙去脉，一步一步解决群众提出的问题。

### 5. 沟通反馈原则

在沟通过程中或结束后，沟通双方进行信息反馈，也是提升沟通有效性的一条可靠途径。乡村 CEO 和群众进行沟通时，双方之间要进行信息反馈，形成一种信息环流。乡村 CEO 在传递自己的信息（想法、看法）给群众时，一是说清楚自己提供的信息；二是要询问对方是否听懂自己提供的信息。当然群众在听不懂所讲的内容时，自然也会进行反馈。通过双方之间的沟通反馈，一方面可以提高信息传递的针对性，加强信息传递过程中的真实性，减少群众对信息的盲目性；另一方面可以加强乡村 CEO 和群众之间的心理沟通，提高双方配合效率，调动群众参与沟通的积极性。

扫描二维码答题

# 任务三　沟通技巧

引导案例

### 小黎和村委会主任的谈话

为了更好地了解村里面的相关情况，推动乡村振兴的实施，小黎作为新来的乡村CEO，决定与村委会主任进行一次深入的沟通，以探讨村里的发展规划、村民的需求以及如何有效利用资源。这天，小黎来到了村委会，找到了村委会主任的办公室，敲了敲门，村委会主任热情地迎接了小黎，叫小黎坐下，并给小黎倒了杯水。并进行了如下对话。

小黎询问道："主任您好！今天我想和您谈谈关于本村的发展规划。首先，我想要了解的是，当前村里的主要问题是什么？"村委会主任答复道："首先谢谢你来到我们村担任乡村CEO，希望今后你能带领我们村走向致富道路，多多地了解我们村，认识我们村浓厚的风土人情。其实我们村现在阶段面临的主要问题是资源利用不充分，很多村民的收入并不高，相信你当初进村时就感受到了吧？很多年轻人都外出打工，留下的多是老人和孩子，这对于乡村发展非常不利，希望你今后带领我们村，吸引年轻人回来建设家乡。"小黎说道："我明白了。年轻人外出务工的问题确实很普遍。那么您认为是什么原因导致他们不愿意留在村里发展呢？"

这时的村委会主任紧锁眉头，十分惋惜地叹息道："小黎，你也知道，我们村里面的产业并不是很发达，村民的收入低，年轻人想追求更好的生活条件，所以都去城市发展了。"小黎看出了村委会主任的难处，并回答道："我认同您的回答。但是我需要进行实地考察，针对本村实际情况因地制宜，发展起一条适合本村的致富道路，绝不盲目搞产业，搞建设。"在谈话间，村委会主任一直注视着小黎，并随着小黎的讲话，时不时地点头，关注着小黎目光的变化。

小黎和村委会主任进行了一次氛围良好的交谈，双方沟通十分愉快，双方的提议都得到了对方的赞赏和肯定。村委会主任最后握着小黎的手说道："希望你接下来能够在我们村多走走，多看看，我相信你一定会有意想不到的收获，希望你今后在我们村开开心心的。"小黎也笑着说道："感谢您今天和我说了那么多，希望我能够为咱们村带来应有的收获。"就这样，小黎开启了新的生活，新的身份，作为乡村CEO肩负起乡村振兴的重任。

思　考

在小黎和村委会主任的沟通过程中，双方使用了哪些沟通技巧营造了愉快的沟通氛围？

## 一、倾听力

### （一）什么是倾听力

倾听力也是就是倾听能力，是维系双方有效沟通的必要手段，它不等同于我们常说的听或听见。往小的方面来说，倾听就是人们通过自身的耳朵去接收别人传递过来的信息，从而使自己清楚、明白的一个过程。往大的方面来讲，倾听就是沟通双方在交谈中，全神贯注地去接收和感受对方所传递过来的信息，也是需要对其进行全面理解。也就是说倾听力就是指一个人在对方说话的过程中能够保持耐心，保持一种对对方的关心，在意对方感受的一种能力。

### （二）倾听力的基本作用

**1. 获取信息**

在双方的沟通过程当中，总会有一方在进行信息的传递，那么信息接受者就需要耐心等待，把获取到的信息进行转化，通过这一过程，接受者就可以了解到信息发送者相关特征，如脾气秉性、做事态度等，从而有效增加沟通的有效性。在双方沟通时，通过倾听，我们还能够获取较为全面的信息，有利于沟通的进一步开展。乡村CEO在与群众进行沟通时，要善于运用倾听这个技巧，从中抓取群众传达的信息，抓住问题所在，实现有效沟通。

**2. 改善关系**

我们在进行沟通时，倾听对方所说，能够向对方传递：我在关注你，在尊重你。对方在这样的状态下，会解除心理戒备，能够将信息有效传递，双方之间的沟通也会显得融洽、顺利，从而有益于改善双方之间的沟通关系。

### （三）运用倾听力的基本技巧

**1. 营造倾听环境**

在与人进行沟通过程中，我们需要密切关注沟通进程。努力营造一个倾听氛围，向对方不断表达或暗示：我愿意听、愿意接受你所传递的信息。在通常情况下，营造的倾听氛围主要包括以下几个方面。

（1）平等的氛围。在沟通过程中，乡村CEO要以平等、尊重他人的态度去听群众所说的话。通过倾听，不仅能够增强与群众之间的相互了解，还能促进与群众关系的进一步发展。

（2）安静的氛围。乡村CEO要努力营造一个安静的氛围，尽可能地减少一些人为因素的干扰，如接听电话、照明不足等。

（3）积极的氛围。乡村CEO在与群众沟通时，倾听要专注，不能让群众在一边讲，而自己却做其他事儿，同时也应当主动和群众打招呼。在沟通过程中，要时不时地回应对方,像点头、微笑等;要耐心地让对方把话说完,从而能较为全面地掌握和了解情况;不要随意打断对方说的话或随意转移话题,这样只会影响沟通进程和有效性。

#### 2. 面部表情和行为动作的协调使用

在与群众进行沟通时,乡村 CEO 要与群众进行适当的目光交流,面部表情应当自然和谐,要跟随群众表情做出相应反应。还需要与群众保持适当的沟通距离,在沟通过程中,身体应当微微向前倾,这样可以表现出自己对群众的尊重、对沟通话题的兴趣以及对问题解决的热心。同时,还应当搭配动作进行沟通,切忌手势幅度太大,动作不要太多太复杂,这样容易让对方产生误会。

#### 3. 要善于归纳总结

乡村 CEO 在与群众进行沟通过程中,应当要善于发现群众传递过来的信息中的应有价值和隐藏意义。能够在较短的时间内对群众所说的事件、信息、情感情绪和行为动作进行仔细归纳和总结。通过归纳和总结,从中获取群众的真实想法和情感。

### 二、表达力

#### (一)表达力的概念

表达力又称为表现能力或者是显示能力,是以语言能力为基础进而发展起来的一种能力,主要是一个人用外部行为,像语言、文字、表情或者动作等将自己的思想、想法、意图或者情感等,清晰明确地表达出来,从而能够让别人理解。其中主要包括口头表达能力、文字表达能力、数字表达能力、图示表达能力、肢体语言表达能力等。

#### (二)表达力的重要性

(1)有效增强沟通效率。良好的表达能力对于沟通双方来说,是必不可少的。首先,因为良好的表达能力能够在双方沟通过程中将信息准确表达出来,避免误解或产生歧义从而导致沟通障碍的出现;其次,拥有较强表达能力的人在沟通中能用简洁明了的语言将自己的观点表达出来,缩短双方在沟通过程中的时间浪费,有效提升沟通效率;最后,在沟通过程中,清晰正确、有条理的表达更能够吸引人们的眼光,有助于树立自己的形象,增加沟通双方的信任,建立良好的沟通关系。

(2)提升个人影响力。在沟通过程中,表达能力的好坏直接会影响在对方心目中的第一印象。有力的表达能够在社交场合中、职场上树立自己的权威,更能引起他人注意力,进而赢得他人的尊重和信任的同时,还能结识新的朋友,有利于自身人脉资源的拓展,此外,良好的表达能力还有助于说服他人接受自己的观点和想法,在交谈中取得优势。

(3)促进团队协作奋进。首先,表达能力强的团队管理者能够及时发现问题所在,消除误会，化解内部矛盾与纠纷，进而增强团队成员的凝聚力；其次，良好的表达能力能快速、正确地将信息进行共享和传递，促进团队协作效率；最后，通过有效的表达，团队成员可以更加准确地理解其目标和计划，有利于团队成员思想的统一，目标的实现。

（三）表达力的提升途径

作为乡村 CEO 来说，最为重要的就是口头表达能力和文字表达能力，如何实现两者有效提升，需要把握以下几点。

1. 口头表达能力的提升

（1）提升自身文化修养。一个人出色的口头表达能力是由其自身的综合素质所决定的。因而在表达过程中需要有一颗冷静的头脑、敏捷的思维和一定的文化修养，才能够清楚地、完整地、准确地传达自己的意思，便于别人更加深入地理解，这样才会实现有效沟通。为此，需要自己努力学习和积累相关理论经验和知识，不断夯实文化底蕴，才能"能说会道"。

（2）掌握相关技能技巧。说话是一门拥有技巧的活动，如果不能在说话当中掌握相关技能技巧，最终说出的话只能害人害己。就像在给村里群众宣传文化知识时，作为乡村 CEO 至少需要：一是在说话时要富有情感，充满信心和热情；二是要注意概括内容，通俗易懂；三是要表达准确，节奏有序；四是要尊重他人，以礼待人。这样才会让别人听得懂，接受你传递的信息，实现有效沟通。

（3）积极参与实践。实践是检验真理的唯一标准。当然也是检验一个人口头表达力的唯一途径，口头表达能力好不好，一说就知道！要积极参与各种能增强口头表达能力的活动，增强自身本领，克服"上台"的恐惧感。积极参与相关讨论会、宣传活动、信息咨询等有效提升口头表达能力的实践，要多讲多练。乡村 CEO 要经常与人沟通，在沟通过程尽可能将自己想到的话完整有序地说出来，善于总结在沟通过程中的得与失，及时改进，自然会有意想不到的效果。

2. 文字表达能力的提升

（1）广泛阅读，积累素材。文字表达能力和口头表达能力是一样的，都是人们交流思想看法、表达情绪情感的有力工具。乡村 CEO 要广泛阅读与农村、农民、农业等相关的书籍、报纸、文章，从中汲取相关知识点，不断丰富自己的乡村理论，增强自身的乡村气息，这样才能更好地代表农村、农民和农业。

（2）接触社会，感受生活。好的文字表达能力其灵感是最为重要的，灵感从何处来？答案是来自生活，只有将自己全身心地投入到社会生活当中，仔细观察生活的变化，多看多读，才能写出真正有温度的文章。乡村 CEO 要使自己不断地融入乡村生活中，多在乡村走走、多在乡村里看看、多在乡村里沟通，仔细观察乡村生活，才能够写得出最能代表乡村的文章。

（3）勤于思考，升华思想。文字表达能力除了需要写出来以外，还需要有自己的思想。如果是自己看到想到的内容，自然在写作的过程中会在自己脑海中询问为什么会这样？怎样解决？对其询问的态度和答案是自己的价值观以及对事物认识的一种态度，慢慢地就会体现在你写作的内容当中。因此，乡村 CEO 在写作的过程中要思考问题所在，答案所在，要对问题深度剖析和对答案深度解答，这样才能形成自己应有的理论体系。

## 三、反馈力

### （一）反馈力的概念

反馈力又称为反馈能力，是在沟通过程中，信息的接受者向发送者做出回应的行为能力。在一个完整的沟通过程中，既需要有信息发送者的"表达"和信息接受者的"倾听"，同时还需要信息接受者对信息发送者的反馈。

### （二）有效提升反馈力的途径

反馈就是需要仔细倾听对方讲的话，在这一过程中，尽量不要去打搅或者评价对方，需要自己在对方讲话时找出自己想深入了解的关键信息，并在对方讲话结束后，进行复述或者转述。因此，实现有效提升反馈力的途径包括以下 4 个方面。

**1. 仔细倾听，找出关键信息所在**

在双方沟通过程中，倾听的比例要占到一半以上，从这点中可以看出仔细倾听对于影响最后的反馈效果是何等的重要。沟通过程中，不要随意地或者着急地打断、否定对方提出的观点想法，要在对方讲话的过程里，抓住对方语言中代表"态度性"的关键信息，进行复述，从而更好地了解到对方的实际看法。例如，可以通过反问来了解对方："你是觉得现在还不是时候？""这样的方式怎样？"等。

**2. 指出矛盾所在，保持好奇和理解**

在沟通过程中，一般出现的问题肯定是隐含必要的矛盾，这时就需要指出矛盾所在。需要对对方进行鼓励，要让对方感到诚意和尊重，而不是让对方感到羞愧，因为羞愧能让对方感到惶恐，从而产生抵抗情绪，不利于双方的沟通进程，也就会导致反馈的失效。

**3. 努力挖掘信息，强化信息价值所在**

在反馈当中，强化信息价值所在要比单纯的批评负面状况要好得多。这有助于提高反馈信息的接受程度，进而有效地促进行为的改变。要多去挖掘那些隐藏在发送者传递过来的信息中的正面信息，强调其价值所在。

**4. 进行有效提问，进而总结深层含义**

在反馈时将对方的话语进行总结提炼，剖析深层含义，是极为重要的，也是最难的。所以，在反馈之前有必要进行有效提问，找出其中的真正含义所在，能够反映出信息传递过程中有无失真，从而提高反馈信息真实性和反馈信息能力。

## 四、非语言沟通

### （一）非语言沟通的概念

非语言沟通是指以动作、表情、姿态、语气语调等非语言符号为媒介进行的信息交流。和语言沟通相比较，非语言沟通更能够表达出个人内心的真实感受，能够表达个人难以用语言表达的情感、情绪和感觉，进而使沟通信息的含义会更加明确、丰富和完整。有相关研究表明，在沟通过程中信息的表达是由 7% 语言 +38% 音调 +55% 面部表情组成的，由此可见非语言沟通的重要性。

### （二）非语言沟通的特点

#### 1. 多样性

非语言沟通可以通过不同的动作、表情、姿态、语气语调等来表达自己想要传递的信息，如开心时我们会笑，伤心时我们会流泪，后悔时我们会叹气，肚子疼时我们会用手按压肚子，喜欢一个人的语气语调会很温柔，而讨厌和憎恨一个人时我们的语气语调会很尖锐，等等。这些表现都是我们表现出来的信息，并且别人也是能接收得到的。从中就可以看出非语言沟通的广泛性。

#### 2. 真实性

非语言所传递的信息要比语言传递的信息更加真实、可靠，这是由于非语言行为大多是人们无意识间传递出来的，而且还是人的情绪、情感自然产生的。当一个人因某件事而高兴、忧愁、惊讶或恐惧时，其面部的表情、神态、动作等都会真实地表现出来。语言和非语言传递的信息不一致时，非语言所传递的信息往往更加能够反映传递者的真实状态。

#### 3. 地域性

在日常生活当中，非语言沟通是具有一定的共同特征的，但也有其独特的表达方式。这是由于经过漫长的历史发展，本地的文化、风俗习惯等会深深地影响当地人们的行为动作、心理状况，从而导致其差异。所以，在与不同国家、地区、民族的人沟通时，要入乡随俗、不懂就问，避免引起不必要的误会。比如，在我们国家你要打车时看见车来直接招手就行，而在欧美国家打车则是握拳将大拇指竖起来。

#### 4. 联动性

在非语言沟通过程中，人们通常是不会用一种表情、一个动作来表达自己的所要传递的信息的，通常会通过多种途径、多种非语言方式联动组合进行信息传递。比如，当一个人十分高兴的时候，往往会同时表现出：开怀大笑、高声欢呼、喜极而泣、手舞足蹈等多个动作。

### 5. 环境性

沟通者所处的环境氛围深深地影响着非语言沟通所表达的情感状态和含义，同时也影响着沟通者使用非语言符号的多少。如在不同的环境氛围下，流泪可以表达伤心、委屈；也可以表达高兴、幸福和感激。

### （三）非语言沟通的作用

以下是非语言沟通在日常生活中的 3 个主要作用，也是其最常见的功能。除此之外，非语言沟通还有着替代、辅助、强化语言信息的作用、获取传递信息的作用、核实传递信息的作用等。

#### 1. 情感情绪的表达

非语言沟通的首要目的就是向沟通另一方表达和展现自己的情感情绪，并且这种情感情绪是真情实感的直接流露。在日常生活中，人们的快乐、悲伤、惊恐等情绪以及爱护、担忧等情感，都是可以通过自身的体态姿势、面部表情、行为动作等非语言等形式展现出来。乡村 CEO 在对村寨进行实地走访过程中，如与家中突遭变故的群众进行沟通时，该群众及其家属也会通过眉头紧锁、惋惜叹气、眼神忧郁等非语言形式去表达其内心的焦虑和不安；这时乡村 CEO 就需要在交谈过程中观察对方的表情、动作来察觉其表现出来的情感情绪，同时还需要用微笑、触摸等非语言沟通的方式去安抚对方，以表达自己的关心和帮助。所以，在日常沟通过程中，作为人们情感情绪表达的重要途径，非语言沟通有着重要地位。

#### 2. 相互关系的显示

在沟通过程中，非语言的使用能够在一定程度上表示沟通者双方的地位形象，甚至能够反映沟通者双方的人际关系、亲疏远近等生活状态。例如，走在大街上，如果两人手拉着手，或者勾肩搭背则说明两者关系一定是十分亲密的；交谈过程当中不相识的两人相互握手致意，则表示双方人际关系的建立。乡村 CEO 如果在村寨中与群众"围炉煮茶"、并坐交流，会显示出双方较为平等的关系，能够拉近其与群众的关系；但是如果乡村 CEO 站在台上与群众进行交谈，显示出的是乡村 CEO 对整个沟通过程中的控制，对台下群众的控制。

#### 3. 沟通进程的调节

非语言沟通的使用能够调节和控制双方的沟通进程以及相互的交流状态。这些调节和控制动作主要有点头、摇头、摆手、降低语气语调等，在一定程度上代表着肯定或否定的意味，对双方之间的互动行为、交谈状态进行驱动。如当老师在听学生背诵课文时，若老师轻轻点头，则表示学生继续背诵课文；若背诵过程中老师侧看学生，则表示学生背诵有误，须停顿。

### （四）非语言沟通的基本要求和技巧

在沟通过程中，双方的一举一动都在一定程度上对沟通的有效性产生影响，因而非语言沟通在某些工作当中有着特殊的意义。乡村CEO在和群众进行沟通时，要遵循非语言沟通的基本要求，适时恰当运用非语言沟通技巧，充分发挥非语言沟通在其中的应有价值。

#### 1.非语言沟通的基本要求

（1）通俗、准确。在非语言沟通中，像面部表情、动作姿态等所表达的情感情绪，在不同的场景下是不一样的。所以，在非语言沟通的使用中具有一定的时空界定，这也是非语言沟通所展现的地域性特点。乡村CEO在与群众沟通过程中要因时、因地、因人，准确地进行表达。

（2）协调、自然。用非语言进行辅助语言沟通时，两者的表达应当要协调一致、恰当合适。如果说的话太早，动作使用太晚，导致语言表达和动作表达相互错位，则会影响沟通效果。同时，非语言沟通的使用要自然、平和。乡村CEO在与群众进行沟通过程中要保持非语言沟通的自然协调，加强语言表达效果。

（3）灵活、多变。在日常生活中，人们往往会遇见一些出乎意料的事情，或是出了神，反应慢了半拍，或是不小心说了不该说的话，又或是周围环境发生了变化等。这时非语言沟通就起着重要作用，运用非语言沟通对这些场景进行灵活运用，以此来改变交际过程中尴尬的局面，像用摆手表示拒绝等。乡村CEO要做到这些，一方面要拥有善于运用非言语沟通技巧的意识，另一方面就是要进行实地运用，知行合一。

（4）适度、温和。在进行非语言沟通时，表情不要过于夸张，动作不要过于多样和摆动幅度不要太大，要大气端正，符合大众标准，自然而然会产生良好的沟通效果。乡村CEO在和群众进行沟通时，面部表情不要像"孙猴子的脸"说变就变，也不能一点表情和手势动作都没有，应当表情温和，说话时手势动作自然。

#### 2.非语言沟通的技巧

（1）面带微笑。微笑，作为世界上最美、最容易感染人的肢体语言。合理恰当地运用微笑，在沟通过程中会有意想不到的效果。尤其是在面对一些身患抑郁、需要长时间康复的人群，在沟通过程中保持微笑，能给他们带来阳光和力量。但是微笑的使用，也要注意与沟通的场景、人物、事件相结合。

（2）善用目光。在与人沟通的过程当中，除了需要适当的目光接触外，还应当在对方面前并保持眼睛与对方眼睛在同一水平，在别人在讲话过程中，目光应当适时在对方双眉中间停留。仔细对待和思考对方眼神所要表达的含义，并通过眼神给予对方适当回应。乡村CEO在与群众进行沟通时，怀有的真挚情感，会通过目光将这种真挚的情感表达出来，也就是我们常说的情于内而显于外。

（3）控制表情。人的高兴、悲伤、愤怒、懊恼等表情，是人内心世界情感的外在表现，都是直接可以从人的面部上显现出来的，是人们情感情绪的真实表达。因为非语言沟通大多是潜意识作用的结果。这就要求乡村CEO在与群众进行沟通时要时刻注意自己的面部表情，尽可能地控制自己的表情，不要出现嫌弃、厌恶和敌意等表情，避免给对方造成不良印象，并且还要时刻关注对方的表情变化，尤其是当对方的语言与面部表情表达的信息不相同时，可以通过分析面部表情来判断对方的真实想法。

## 课后练习

扫描二维码答题

# 项目二 乡村 CEO 自我认知与自我管理

## 项目概述

乡村 CEO 作为肩担乡村振兴重任的新时代引领者,有必要进行自我认识和自我管理,清楚地认识到自己的优缺点所在,能够进行有效的自我管理,才能够担负起新时代赋予乡村 CEO 的责任。本项目首先对自我认知当中的四个方面,即对自我观察、自我反思、自我评价、自我改进进行了详细介绍,深入分析每一个方面的重要性,并提出自我认知和自我管理的相应原则和方法。在归纳和总结自我认知的基础上,分析了乡村 CEO 自我管理的三大要素,包括:情绪管理、时间管理和学习管理。希望通过对本项目的学习,乡村 CEO 能够对自我有一个更加深刻的认识,并能够在自我管理中查缺补漏,做好新时代乡村事业建设的引领者。

## 任务一 自我认知

### 引导案例

**乡村 CEO 与村民的自我认知之旅**

在中国的乡村发展过程中,乡村企业家(乡村 CEO)和村民之间的关系日益紧密。乡村 CEO 不仅承担着推动地方经济发展的重任,更是村庄文化和价值观的引领者。在这一过程中,自我认知的提升对于乡村 CEO 和村民而言,都是至关重要的。接下来将通过一个具体的案例,探讨乡村 CEO 与村民之间如何通过自我认知的提升,促进农村经济的可持续发展。

小村庄"幸福村"位于某省的偏远山区,村内以农业生产为主。近年来,随着乡村振兴政策的实施,村民们对新农村事业发展的期望越来越高。村里的年轻人李明(化名)回乡创业,成立了一家专注于有机农业的企业,成为村里的"乡村 CEO"。李明的目标是通过现代化的农业技术和商业模式,提升村民的生活水平。

在李明刚回村创业的初期,他对自己作为乡村 CEO 的角色认知并不清晰。他只是单纯地认为，只要引入新的种植技术和管理模式，就能改善村民的生活水平。然而，由于村民们对新事物的接受程度不高和农村根深蒂固的传统观念的影响，使这一过程并不顺利。村民们习惯于传统的种植方式，对李明新的农业生产理念产生了抵触。

　　通过与村民的沟通，李明逐渐意识到，自我认知的不足使他在与村民的交流中引发了误解。他开始反思，作为一个乡村CEO，他不仅仅是一个技术的引入者，更是村民的引领者和伙伴。他意识到，自己需要更深入地了解村民的需求和心理，以便更有效地推动变革。

　　在反思后，李明开始采取行动。他组织了多场村民座谈会，邀请村民参与生产技术的讨论。在这些会议中，李明不仅分享了自己的想法，还认真倾听村民的意见。他发现，许多村民虽然对新技术持怀疑态度，但他们对提高收入、改善生活的渴望是共同的。李明在一次座谈会上提出："我们可以一起探索有机农业的发展，但这需要大家的共同努力。你们的经验和想法对我来说非常重要。"这一表态使村民们感受到了被尊重，逐渐打破了他们心中的隔阂。

　　随着交流的深入，李明的自我认知也在不断提升。他认识到，作为乡村CEO，不仅要具备商业头脑，更要具备强大的沟通能力和同理心。通过理解和包容村民的想法，李明不仅赢得了他们的信任，也增强了自己的领导力。

　　随着时间的推移，李明与村民之间的关系逐渐融洽。村民们开始主动学习新的种植技术，李明则根据村民的反馈不断调整自己的经营策略。村民们在实践中逐渐认识到，有机农业不仅能提高土壤质量，更能带来更高的经济收益。

　　在这个过程中，李明和村民们都经历了自我认知的提升。他们迎来了一个共同成长的过程。李明通过实际行动展现了乡村CEO不仅是经济发展的推动者，更是文化传承和乡村凝聚力的守护者，而村民们也在实践中认识到，变革并不是单方面的要求，而是需要大家共同参与、共同努力。

　　乡村CEO与村民的自我认知提升，是推动乡村可持续发展的重要因素。李明在与村民的互动中，不仅实现了自我认知的转变，也促进了村民对新事物的接受度。这一案例说明，良好的沟通和相互理解是实现乡村振兴的关键。未来，乡村CEO在发展过程中，仍需不断反思和提升自我认知，以引领更多的村民走上共同繁荣的道路。

　　通过这个案例，我们看到自我认知对于个人和集体的重要性。无论是在乡村发展还是城市管理中，理解自己、理解他人，都是实现目标的重要基础。

## 一、自我观察

随着乡村振兴战略的推进，乡村 CEO 作为推动乡村经济发展的重要角色，面临着前所未有的机遇与挑战。在这个过程中，乡村 CEO 不仅需要具备专业的管理知识和技能，还需具备良好的自我认知能力。自我观察作为自我认知的重要组成部分，对于乡村 CEO 而言尤为重要。

### （一）什么是自我观察

自我观察是指个体对自己的行为、思维和情感进行客观地观察和记录的过程。通过自我观察，个体能够更加清晰地认识到自身的优点与不足，进而为个人成长和发展提供指导。对于乡村 CEO 而言，自我观察不仅仅是简单的自我反省，更是提升管理效能的关键。

### （二）乡村 CEO 自我观察的重要性

#### 1. 发现问题根源

乡村 CEO 面临的挑战多样复杂，通过自我观察可以发现潜在的问题和障碍。例如，在面对项目进展缓慢的情况时，通过自我观察，乡村 CEO 可能会发现是由于决策过程中的犹豫不决或是沟通上的疏忽导致的。识别这些问题的根源有助于乡村 CEO 采取针对性的解决方案，提高工作效率。

（1）决策过程中的犹豫不决。乡村 CEO 在决策过程中可能会出现犹豫不决的情况，这往往是因为缺乏足够的信心或是在面对多种选择时难以确定最优解。通过自我观察，乡村 CEO 可以识别出哪些决策环节耗费了过多的时间，以及是什么原因导致了这种犹豫。例如，如果发现是在获取信息阶段花费了太多时间，那么就可以采取措施来加快信息收集的速度，如利用数据分析工具快速筛选有用的信息。或者犹豫是因为担心决策带来的风险，那么乡村 CEO 可以考虑建立风险评估机制，帮助自己更加客观地评估每种选择的利弊。

（2）沟通上的疏忽。有效的沟通是团队合作的基础。如果乡村 CEO 注意到团队成员之间存在沟通障碍，那么很可能是沟通方式或频率出了问题。通过自我观察，乡村 CEO 可以发现是否在传达信息时没有做到足够清晰明了，或是没有及时跟进反馈。一旦识别出这些具体问题，就可以采取措施加以改善，如建立定期汇报机制、采用更高效的沟通工具等，此外，乡村 CEO 还应该注意自身在沟通中的非言语信号，如肢体语言、表情等，这些都会影响信息的有效传递。

（3）团队协作中的障碍。乡村 CEO 在观察团队运作的过程中，可能会发现某些成员的合作不够顺畅。这种情况通常反映了深层次的问题，如目标不一致、职责不明确或是信任缺失等。通过细致的自我观察，乡村 CEO 可以找出造成这些问题的具体原因，并采取相应的措施来加强团队间的协作。例如，通过组织团建活动增进团队成员之间的了解，或是明确界定每个人的职责范围，确保每个人都清楚自己的任务和目标。

（4）个人效能的提升。除了团队层面的问题外，乡村 CEO 还应该关注自身的效能问题。自我观察可以帮助他们识别出在哪些方面还有提升的空间，比如时间管理、优先级设定或是技能短板。通过持续的自我观察和反思，乡村 CEO 可以不断优化自己的工作习惯，提高个人的工作效率。例如，如果发现自己经常被琐碎事务所困扰，那么就可以尝试使用时间管理工具来规划每一天的工作，确保把精力集中在最重要的任务上。

通过自我观察，乡村 CEO 不仅能够发现并解决问题的根源，还能在此基础上持续优化个人和团队的表现。这对于提升整体运营效率、推动乡村企业健康发展至关重要。

### 2. 提升决策质量

乡村 CEO 在日常工作中需要做出大量的决策，而决策的质量直接影响着乡村的发展。通过自我观察，乡村 CEO 可以回顾过去的决策过程，分析决策背后的逻辑和依据。这种反思有助于乡村 CEO 总结成功的经验和失败的教训，从而在未来做出更加明智的选择。

（1）回顾决策过程。乡村 CEO 可以通过自我观察来回顾过去的决策过程，包括决策前的信息收集、分析、讨论以及最终决定的确定。这一过程不仅涉及对决策本身的思考，还包括对决策过程中个人行为和心态的反思。例如，乡村 CEO 可能会发现自己在某个决策中过于依赖直觉而忽略了数据支持，或者在另一个决策中过于保守而错过了机会。通过这类反思，乡村 CEO 能够更加全面地评估自己的决策风格及其效果。

（2）分析决策逻辑。在回顾决策过程的同时，乡村 CEO 还应该深入分析每一次决策背后的逻辑。这意味着要仔细审查决策的依据，包括所依据的数据、假设条件以及预期的结果等。通过这样的分析，乡村 CEO 可以更加清晰地了解哪些决策依据是可靠的，哪些则可能存在偏差或不足。例如，如果发现某个决策是基于过时的数据做出的，那么在未来作类似决策时就会更加重视数据的时效性和准确性。

（3）总结经验和教训。乡村 CEO 通过自我观察总结出的成功经验和失败教训是非常宝贵的资源。无论是成功的案例还是失败的例子，都能为未来的决策提供有价值的指导。例如，如果某个项目因为提前预见到了潜在的风险而取得了成功，那么乡村 CEO 就可以将这种风险管理的方法运用到其他项目中去。相反，如果某个决策因为忽略了关键细节而导致了失败，那么乡村 CEO 就应该在未来的决策中更加注重细节的把控。

（4）调整决策方法。基于上述反思和总结，乡村 CEO 可以适时调整自己的决策方法。这可能意味着在未来的决策过程中更加注重团队合作，让更多的团队成员参与进来，以获得更广泛的意见和建议。或者，乡村 CEO 也可以探索引入新的决策辅助工具和技术，比如数据分析软件、模拟模型等，以提高决策的准确性和可靠性。

### 3. 增强自我意识

自我意识是指个体对自己心理状态的认识和理解。乡村 CEO 通过持续的自我观察可以增强自我意识，更好地理解自己的性格特点、兴趣爱好以及优势和劣势所在。这种自我认识有助于乡村 CEO 发挥个人长处，规避短板，从而在管理过程中更加游刃有余。

（1）认识性格特点。乡村 CEO 通过自我观察可以更深入地了解自己的性格特点。例如，有的人可能更偏向于内向，喜欢独立完成任务；而另一些人则可能更加外向，擅长团队合作。了解自己的性格倾向有助于乡村 CEO 在日常工作中找到最适合自己的工作方式。例如，一位内向的乡村 CEO 可能会发现自己在独自研究新市场趋势时最为高效，而一位外向的乡村 CEO 则可能在组织团队讨论时更能激发灵感。

（2）明确兴趣爱好。除了性格特点之外，乡村 CEO 还可以通过自我观察来明确自己的兴趣爱好。了解自己真正热衷的事物对于保持工作热情至关重要。乡村 CEO 可能会发现自己对特定领域的技术或产品特别感兴趣，这不仅有助于他们在工作中保持高度的热情，还能激励他们不断学习和成长。例如，一位对农业技术充满热情的乡村 CEO 可能会投入更多时间和资源来研究智能农业解决方案，从而为乡村带来实质性的改变。

（3）发挥个人优势。自我观察还能够让乡村 CEO 更好地识别自己的优势所在。无论是人际交往能力、创新思维还是财务管理能力，了解自己的强项可以帮助乡村 CEO 在工作中更加自信。例如，如果一位乡村 CEO 发现自己在协调团队方面非常出色，那么他就应该在日常工作中更多地发挥这一优势，通过组织有效的团队活动来提升团队的整体表现。

（4）补齐个人短板。同样重要的是，乡村 CEO 也需要通过自我观察来识别自己的短板，并采取措施来弥补这些不足。这可能意味着乡村 CEO 可以通过寻求专业培训、寻找合适的合作伙伴或是调整工作重点来避免过度依赖自己的弱点。例如，如果一位乡村 CEO 发现自己在数字营销方面不够熟练，那么他可以通过参加相关的在线课程来提升自己的能力，或是聘请一位擅长此领域的顾问来协助开展工作。

### 4. 改善人际关系

乡村 CEO 的工作涉及与政府、企业、村民等多方面的交流与合作。良好的人际关系对于乡村的发展至关重要。通过自我观察，乡村 CEO 可以了解到自己在人际交往中的行为模式和沟通风格，识别可能存在的误解和冲突，进而采取措施改善人际关系，促进和谐共处。

（1）了解自己的沟通风格。乡村 CEO 通过自我观察可以更加清晰地认识到自己的沟通风格，如有的人可能倾向于直接表达观点，而有的人则可能更加委婉。了解自己的沟通风格有助于乡村 CEO 在与不同群体交流时采取适当的沟通方式。例如，当与政府部门沟通时，可能需要更加正式和直接的表达方式；而在与村民交流时，则可能需要更加亲和和耐心的态度。

（2）识别造成误解和冲突的因素。在人际交往中，误解和冲突是不可避免的。通过自我观察，乡村CEO可以识别出哪些行为或言语可能导致了误解或冲突的发生。例如，乡村CEO可能会发现自己在一次会议中因为语气过于强硬而引起了对方的不满，或者因为没有充分听取对方的意见而导致了沟通不畅。识别这些问题有助于乡村CEO在未来的交流中更加谨慎地选择措辞和表达方式。

（3）改进沟通技巧。一旦识别出了沟通中的问题，乡村CEO就可以有针对性地改进自己的沟通技巧。这可能包括学习有效的倾听技巧、练习非言语沟通（如肢体语言和面部表情）、提高自己的同理心等。例如，乡村CEO可以通过参加沟通技巧培训课程来提升自己的表达能力，或者通过阅读相关书籍来学习如何更好地理解他人的立场和需求。

（4）构建信任关系。构建信任关系是改善人际关系的关键。乡村CEO通过自我观察可以发现哪些行为有助于建立信任，哪些行为可能会破坏信任。例如，乡村CEO可能会意识到及时履行承诺、保持透明度和一致性等行为能够增强与合作伙伴的信任感。通过这些积极的行为，乡村CEO可以逐步建立起可靠的形象，促进长期的合作关系。

**（三）如何进行自我观察**

**1. 日记记录**

乡村CEO可以通过日记记录的方式来开始他们的自我观察之旅。每天花一点时间记录当天的经历、想法和感受是非常有益的。可以是手写的日记本，也可以是电子文档。记录的内容可以包括日常工作、决策过程以及情感体验等方面。例如，可以记录完成了哪些任务，有哪些收获；做出了哪些重要决定，决策的理由是什么；遇到困难时的感受，解决问题后的成就感等。通过日记记录，乡村CEO可以回顾自己的行为和决策，从而发现潜在的问题和改进的空间。

**2. 定期反思**

除了日常的日记记录之外，乡村CEO还应该定期进行深入的反思。可以选择每周或每月进行一次，回顾这段时间内的工作表现，分析成功和失败的原因。例如，可以总结成功的经验，思考哪些做法值得继续发扬光大；分析失败的教训，思考哪些做法需要改进或避免。通过定期反思，乡村CEO可以更深入地理解自己的行为模式和决策过程，从而在未来的决策中做出更明智的选择。

**3. 寻求反馈**

乡村CEO还应该寻求从同事、合作伙伴甚至是村民那里获得反馈。这些来自不同角度的反馈可以帮助乡村CEO更全面地了解自己在别人眼中的形象，发现平时不易察觉的问题。例如，可以通过面对面交流、问卷调查等方式来获取反馈。乡村CEO应该鼓励团队成员和村民诚实地表达意见，无论是正面的赞扬还是负面的批评都应该被认真对待。通过这些反馈，乡村CEO可以发现自己在沟通、决策等方面的盲点，从而有针对性地进行改进。

**4. 参加培训**

最后，乡村CEO应该参加专门的培训课程，尤其是那些设有自我评估环节的课程。这些课程可以帮助乡村CEO更深入地了解自己的性格特点和管理风格。例如，可以选择一些信誉良好的在线平台提供的领导力或管理类课程，或者参加由专业机构举办的线下研讨会或工作坊。通过这些培训，乡村CEO不仅可以学习到新的知识和技能，还可以通过自我观察发现自己的优势和劣势，从而制定个人成长计划。

## 二、自我反思

作为乡村企业的领导者，不仅需要具备卓越的管理能力和商业头脑，还要深刻理解当地的文化和社会环境。在这个过程中，自我反思成为一项不可或缺的能力。

### （一）什么是自我反思

自我反思是指个人主动地、系统地思考自己的思想、感受、行为及其结果的过程。通过自我反思，个体可以评估自己的表现，识别成功的原因和失败的教训，并据此做出相应的调整和改变。

### （二）乡村CEO自我反思的重要性

在乡村振兴战略的大背景下，乡村CEO作为乡村发展的关键人物，承担着推动乡村经济和社会发展的重要职责。他们不仅需要具备丰富的专业知识和管理能力，还需要具备良好的自我反思能力。自我反思是个人成长和团队进步的重要驱动力，对于乡村CEO而言尤为重要。

**1. 促进个人成长与能力提升**

在快速变化的环境中，乡村CEO面临着诸多挑战。为了能够有效应对这些挑战，他们需要不断地自我改进。自我反思是这一过程的核心，它能够帮助乡村CEO识别自身的优势和劣势，明确需要改进的地方。

（1）持续学习，保持竞争力。在知识爆炸的时代，乡村CEO必须通过自我反思意识到持续学习的重要性。他们需要跟进行业前沿知识，学习新技能，以适应乡村发展的需求。自我反思有助于乡村CEO保持竞争力，不被时代淘汰。

乡村CEO应该密切关注农业技术、乡村治理、市场营销等方面的最新发展，通过阅读专业期刊、参加行业研讨会议等方式获取信息。随着科技的发展，如物联网、人工智能等技术在农业领域的应用越来越广泛。还要不断学习这些新技术的应用场景和操作方法，以提高生产效率和服务质量。通过在线课程、专业培训等方式不断充实自己，确保能够跟上时代步伐。

（2）提升专业素养，增强决策能力。通过自我反思，乡村 CEO 可以不断提升自己的专业素养和决策能力。他们能够更加准确地把握乡村发展的方向和趋势，制定出更加科学合理的决策方案。

乡村 CEO 需要不断积累包括但不限于农业经济学、乡村发展规划、生态环境保护等方面的知识，以提升自己在这些领域的专业水平。在进行决策时，应该基于全面的数据分析和深入的市场调研，确保决策的科学性和合理性。通过学习决策分析、风险管理等相关知识来提高这方面的能力。还需要具备前瞻性思维，能够预见未来乡村发展的趋势和潜在挑战，提前做好准备。

（3）增强自信心，激发内在动力。自我反思的过程也是自我肯定的过程。当乡村 CEO 看到自己的进步和成长时，他们会更加自信地面对工作中的挑战和困难，从而激发出更强大的内在动力。

乡村 CEO 可以建立一份成就记录表，记录下每次成功的经历和所取得的成绩，以此作为自我肯定的依据。在工作时应该培养积极的心态，即使面对失败也不气馁，而是将其视为成长的机会。通过与团队成员分享成功经验、共同解决问题，增强团队凝聚力，为自己提供额外的动力。

**2. 优化团队效能与协作能力**

乡村 CEO 作为团队的领导者，他们的言行举止对团队成员具有重要影响。通过自我反思，乡村 CEO 可以树立榜样，带动团队成员共同进步。

（1）树立榜样，带动团队。乡村 CEO 通过自我反思可以发现自己的行为模式是否有利于团队的发展，是否能够激励团队成员积极向上。他们可以据此调整自己的行为，成为团队中的积极榜样。

乡村 CEO 需要通过自我反思来审视自己的行为模式是否能够为团队成员树立正确的价值观和工作态度。这包括诚实守信、勤奋敬业、积极进取等方面。还可以通过设立奖励机制来激励团队成员，比如表彰优秀员工、提供晋升机会等，以此来提高团队成员的工作热情和积极性。乡村 CEO 应通过实际行动来展示自己的工作态度和职业道德，如及时完成任务、积极解决问题等，以此来激发团队成员的学习和效仿。

（2）提升沟通效率，减少误解。自我反思有助于乡村 CEO 提升沟通技巧和协调能力。他们能够更加准确地表达自己的意图和想法，减少与团队成员之间的误解和冲突。有效的沟通能够确保信息准确无误地传递，减少不必要的误解。学会在团队成员之间建立和谐的关系，解决冲突，促进团队合作。乡村 CEO 还应该建立一个开放的反馈机制，鼓励团队成员提出意见和建议，以此来改进团队的工作流程和效率。

（3）增强团队凝聚力，提升整体效能。通过自我反思，乡村 CEO 可以更加关注团队成员的需求和感受，增强团队的凝聚力和向心力。这将有助于提升团队的整体效能，推动乡村工作的顺利开展。通过组织团队建设活动来增进团队成员之间的相互了解和信任，如团建旅行、团队培训等，这些活动有助于增强团队凝聚力。还应该确保团队成员对乡村发展的目标有一致的认识，明确各自的责任和任务，共同努力实现目标。

**3. 推动乡村治理体系的完善与创新**

乡村CEO在推动乡村治理体系的完善与创新中起着至关重要的作用。通过自我反思，他们可以更好地适应新环境、解决新问题，推动乡村治理向着更加科学合理、高效的方向发展。

（1）适应新环境，解决新问题。乡村CEO的自我反思有助于他们更好地适应新环境、解决新问题。他们能够通过学习和实践，不断探索出更加符合乡村实际的发展路径和治理模式，以及识别乡村发展面临的内外部环境变化，包括政策调整、市场需求变化、技术进步等因素。乡村CEO还应该通过自我反思来识别乡村发展中存在的主要问题，如基础设施落后、人才流失、产业发展瓶颈等，通过自我反思来探索解决这些问题的有效途径，如引进先进技术、培养本地人才、优化资源配置等。

（2）推动制度创新，提升治理效能。自我反思的过程也是制度创新的过程。乡村CEO在反思和总结实践经验的基础上，可以制定出更加科学合理的制度，推动乡村治理体系的完善和创新。通过自我反思来梳理现有的乡村治理制度，识别其中存在的不足之处，从而提出制度改革和创新的具体建议，如简化审批流程、提高服务质量、引入外部监督机制等，确保乡村治理更加高效、公平、透明。

（3）强化社会参与，构建共治格局。通过自我反思，乡村CEO可以更加关注村民的诉求和期望，推动构建政府、市场、社会多元共治的乡村治理格局。这有助于调动各方资源，形成合力推动乡村发展，确保村民的意见和建议能够被充分听取和采纳。乡村CEO还应该通过自我反思来推动构建多元共治的乡村治理格局，鼓励政府、企业、社会组织等多方力量共同参与乡村治理，整合各方资源，充分发挥各自的优势，形成推动乡村发展的合力。

**4. 实现可持续发展与社会责任**

乡村振兴不仅仅是一项经济任务，更是涉及社会、文化和生态等多个方面的综合性工程。乡村CEO通过自我反思，可以更好地实现乡村的可持续发展。

（1）环境保护与绿色发展。乡村CEO需要通过自我反思来审视乡村发展的模式是否有利于环境保护和生态平衡。他们可以探索绿色发展的路径，实现经济效益与环境保护的双赢，审视当前的发展模式是否存在不利于环境保护的因素，比如过度开发自然资源、污染排放超标等问题。乡村CEO还可以探索使用绿色技术来降低对环境的影响，比如采用节水灌溉、有机肥料替代化肥等措施，以减少环境污染。

（2）文化遗产保护与传承。乡村不仅是物质财富的创造者，也是传统文化的承载者。乡村 CEO 在推动现代化的同时，还需要通过自我反思来关注本土文化的保护与传承，确保乡村的可持续发展。乡村 CEO 需要通过自我反思来认识乡村传统文化的价值，包括民间艺术、传统工艺、节庆习俗等，并思考如何在现代化进程中保留这些宝贵的文化遗产。还可以探索多种途径来保护文化遗产，比如设立文化保护区、开展文化遗产登记和修复工作等；也可以举办各种推动文化传承活动，如组织民俗表演、传统手工艺培训等，让年轻一代了解和学习传统文化。

（3）社会责任感与公益事业。乡村 CEO 应当具备强烈的社会责任感，不仅关心经济效益，还要关注社会福利、环境保护等方面。通过自我反思，乡村 CEO 可以更好地理解自己在社会发展中的角色和责任，为实现更广泛的社会目标贡献自己的力量。认识到自己作为乡村发展的领导者所承担的社会责任，包括提高村民的生活水平、保障弱势群体的利益等，为村民提供更好的教育和医疗服务，不断加强与村民的沟通与合作，鼓励村民参与乡村发展项目，共同促进乡村的可持续发展。

（三）如何进行自我反思

**1. 持续学习与适应环境变化**

乡村 CEO 需要不断学习新知识、新技能，以适应快速变化的环境。自我反思是这一过程的核心。乡村 CEO 可以通过定期阅读行业报告、参加专业培训、与同行交流等方式来了解最新的行业动态和技术进展，此外，他们还应该定期评估乡村的发展状况，识别内外部环境的变化，如政策调整、市场需求变化、技术进步等。通过这些活动，乡村 CEO 可以更好地识别乡村发展中存在的问题，如基础设施落后、人才流失、产业发展瓶颈等，并探索解决这些问题的有效途径，如引进先进技术、培养本地人才、优化资源配置等。

**2. 借助工具辅助，让自我反思可视化**

借助一定的辅助工具来进行自我反思，可以很好地关注自己内心活动，对自身进行客观审视，从中识别矛盾、不足以及潜在偏见，有效调整自己未来的行为模式和思维习惯。在这里向广大乡村 CEO 介绍一种最为简单便捷的工具——工作日志。在书写工作日志时，乡村 CEO 需要回顾一天的工作经历，梳理自己的情绪和行为，这个过程能够有效帮助乡村 CEO 更加清晰地了解自己的内心世界，发现自己的长处和不足，从而提升自我认知能力，并在长期的工作日志记录当中，乡村 CEO 可以清楚地看到自己在不同阶段的变化和成长，无论是自己工作能力的提升、自身行为的转变、学习上的进步，抑或是技能的使用还是心态的成熟等，工作日志都能成为见证者。而且工作日志需要一定的组织语言和思想表达，长时间的坚持可以有效锻炼乡村 CEO 的写作技巧和逻辑思维能力，因此其在一定程度上是可以增强乡村 CEO 同他人的沟通能力。当然，在工作日志中梳理所遇到的困难和问题时，还可以使乡村 CEO 更加清晰地看清问题的本质，找到解决的办法，此外，工作日志还可以成为解决问题和进行决策的参考，帮助乡村 CEO 回顾过去的经历，避免重复犯错。

还需值得注意的是，乡村 CEO 在写工作日志的过程中首先需要保持真实，不要过分追求文字完美，最为重要的是表达自己内心的真实感受；其次需要定期回顾，才能帮助自己更好地总结相关做事、为人的经验，发现自己的成长轨迹；最后就是要坚持，将写工作日志作为一种习惯，每天花几分钟去记录，哪怕只是简短的几句话，也能在日积月累的过程中产生巨大价值。

3. 建立反思框架，以自我提问引导思考

在自我反思过程中，乡村 CEO 还可以建立一个有效的自我反思框架（"5W1H"框架）来帮助自己更有条理地进行思考，从而避免自我反思过于零散或流于表面。在该反思框架当中，乡村 CEO 需要注意以下 6 个方面，即 What（发生了什么？）、Why（为什么？）、Who（涉及了哪些人？）、When（在什么时候发生的？）、Where（在哪里发生的？）、How（是怎样发生的？），并结合自我提问来引导自我反思。例如当刚刚完成一个项目后，乡村 CEO 就可以按照上述框架的 6 个内容步骤进行自我反思。第一是 What，该步骤的自我提问主要是"这件事的具体状况是什么？我在这件事当中做了什么？结果如何？在做这件事之前我的原本想法是什么？最终的结果和我的想法有什么偏差？"通过这些问题，乡村 CEO 可以梳理事件的基本情况，明确自己的行为和结果。第二是 Why，该方面乡村 CEO 需要进行的问题引导主要有"我为什么会有这样的想法或决定？我是根据什么理由或经验进行决定的？这个决定是否符合我的预期目标？"通过分析做出决定背后的原因、逻辑和依据，乡村 CEO 能够判断其合理性。第三是 Who，在这个步骤乡村 CEO 需要复盘"这个项目中有哪些人参与了？我的行为对其他人有什么影响？我是否充分考虑到他人的感受和需求？"在这个步骤中乡村 CEO 从人际关系的角度来反思自己的行为，评估自己是否做到了尊重和理解他人。第四是 When，在这里乡村 CEO 需要进行自我反问的是"这个项目是在什么样的时间和状况下发生的和完成的？当时的环境或者条件是否影响到了我的决定？"通过对分析情景对行为的影响，乡村 CEO 可以判断是否需要在类似的情景下调整自己的决定。第五是 Where，乡村 CEO 需要自问"这个项目的地点在哪儿？我是否充分利用了环境资源？"从环境因素入手，乡村 CEO 可以思考如何利用环境资源或改善环境条件。第六是 How，在该过程中，乡村 CEO 需要自我提问"这个项目是如何一步步发展的？自己在这个过程中采取了哪些措施？哪些环节做得好，哪些环节出现了问题？"通过梳理事件的全过程，乡村 CEO 就可以快速找出项目的关键节点和问题所在。

通过建立一个系统的反思框架，并结合提问引导思考，可以使乡村 CEO 更全面、深入地回顾自己的行为和决策。加上这种自我反思方法有助于从多个角度审视问题、促进客观思考，提升反思的效率和效果。因而，可以帮助乡村 CEO 总结经验教训，明确改进方向，将反思结果转化为实际行动，从而实现持续的成长和进步。

自我反思并非自我怀疑或是过度的内耗，而是通过理性的审视思维，实现自身从"无意识"到"有意识"的跨越，到最后实现个人成长和心智成熟。乡村 CEO 作为连接政府、市场和乡村的桥梁，是乡村振兴的关键引擎，因而在日常工作中进行自我反思是十分必要的。乡村 CEO 需要进行自我反思才能更加清楚地认识到自身所处环境，才能更好、更长远地带动乡村发展。当然，除了上述进行自我反思的方法以外，乡村 CEO 也可以采用定期总结与复盘，积极听取村民、村干部、专家等外部反馈和建议，进行目标设定等其他方法进行有效自我反思。只要找到适合自己的反思方法，能从中获得经验和成效，也就说明你的自我反思是有效的。

### 三、自我评价

乡村 CEO 不仅需要具备传统的经营管理能力，更要深刻理解新时代中国乡村社会的特点，能够有效地整合资源，推动乡村经济发展。在这个过程中，自我评价成为乡村 CEO 不可或缺的一部分，它不仅关乎个人的职业成长，更直接影响到乡村发展的成效。

#### （一）什么是自我评价

自我评价是指个体对自己的思想、行为、能力和成就进行的一种主观判断和分析。这是一种内在的反思过程，通过这个过程，人们可以更深入地了解自己的强项与弱点，明确个人的价值观、兴趣爱好以及职业发展方向。

#### （二）乡村 CEO 自我评价的重要性

**1. 促进个人职业成长**

自我评价是个人成长和发展的重要工具，它帮助乡村 CEO 们更好地认识自我，发现自己的优点与不足之处。通过定期进行自我评价，乡村 CEO 可以清楚地看到自己在哪些方面取得了进步，哪些地方仍需努力。这种自我反省的过程有助于乡村 CEO 设定合理的职业目标，并为之付出持续的努力。

（1）激励学习与创新。自我评价能激励乡村 CEO 不断学习新知识，掌握新技能，以适应不断变化的市场需求。随着科技的进步和社会的发展，乡村企业面临着越来越多的挑战和机遇。乡村 CEO 需要具备敏锐的洞察力和创新思维，以便及时调整战略方向。通过自我评价，乡村 CEO 可以识别出需要加强或学习的新领域，比如数字化转型、网络营销技巧等，这些都将对企业的未来发展起到至关重要的作用。

（2）建立自信与责任感。定期进行自我评价还有助于乡村 CEO 建立自信和责任感。当乡村 CEO 看到自己在某些方面取得了显著的进步时，会感到自豪和满足，这种正面的情绪会转化为继续前进的动力。同时，自我评价也能让乡村CEO意识到自己的责任所在——不仅要对自己负责，也要对团队成员、投资者以及整个乡村负责。这种责任感会促使乡村CEO更加认真对待自己的工作，做出有利于企业长期发展的决策。

（3）提升领导力与影响力。通过自我评价，乡村CEO还可以识别出在领导力方面的不足，并采取措施加以改进。一个好的领导者需要具备多种能力，如沟通技巧、团队管理、冲突解决等。乡村CEO可以通过自我评估来确定自己在哪方面需要提高，然后通过培训、实践等方式逐步增强这些能力。随着时间的推移，这种提升不仅会让乡村CEO成为更好的领导者，也会增加他们在乡村中的影响力，为乡村的发展作出更大贡献。

（4）应对不确定性。现代社会充满了不确定性，乡村CEO面临的挑战也在不断增加。通过自我评价，乡村CEO可以更好地准备和应对未来的挑战。例如，如果自我评价显示在危机管理方面存在弱点，乡村CEO就可以采取措施来提高这方面的能力，如制定应急计划、参与相关的培训等。这样一来，当不可预见的情况发生时，乡村CEO就能够更加从容地应对。

**2. 优化管理效能**

乡村CEO面临的挑战之一是如何有效地管理乡村资源，实现经济效益与社会效益的双赢。自我评价有助于乡村CEO反思自己的管理方式是否得当，是否存在可以改进的空间。通过对过往工作的总结，乡村CEO可以识别出哪些策略是成功的，哪些则需要调整。

（1）寻找问题所在。乡村CEO可以通过自我评价深入反思自己的管理实践，回顾过去的工作成果，更细致地审视管理过程中的每一个环节。通过这一自我审视的过程，乡村CEO能够敏锐地识别出管理链条中的瓶颈和潜在问题，这些问题可能隐藏在决策制定、执行效率等多个方面。一旦识别出这些问题，乡村CEO便能采取针对性的措施进行改进和优化，进而提升乡村CEO个人的工作效率，还能有效减少不必要的资源浪费，使整个乡村管理团队的管理效能得到显著提升。

（2）资源优化配置。乡村CEO还可以通过自我评价来识别资源分配上的不合理之处。乡村地区往往面临资源有限的问题，因此如何高效利用有限资源变得尤为重要。乡村CEO可以定期审查企业的资产配置情况，比如土地使用、人力资源调配等，确保资源被分配到最具发展潜力的领域。这种优化配置不仅能提高资源利用率，还能促进企业的可持续发展。

（3）促进团队合作。自我评价有助于促进团队合作和沟通。乡村CEO可以通过自我评价来评估自己在团队建设方面的成效，比如团队凝聚力、员工满意度等。良好的团队氛围能够激发员工的积极性和创造力，进而提高整体的工作效率。乡村CEO还可以通过自我评价来识别团队中存在的问题，并采取相应的措施加以解决，比如加强企业内部培训、改善工作流程等。

（4）应对环境变化。自我评价能够帮助乡村 CEO 更好地应对环境的变化。乡村 CEO 面临的外部环境复杂多变，包括政策调整、市场竞争加剧等因素。通过定期的自我评价，乡村 CEO 可以及时发现环境变化对企业的影响，并据此调整管理策略。例如，面对新的政府补贴政策，乡村 CEO 可以迅速调整生产计划，以实现企业利润的最大化。

**3. 强化责任意识**

乡村 CEO 肩负着振兴乡村的重任，他们的工作直接关系到乡村居民的生活质量和长远发展。

（1）明确职责定位。自我评价能促使乡村 CEO 回顾过去的工作表现，更深入地思考自己在乡村发展大局中所扮演的角色，从而更加清晰地认识到自己的职责所在。明白自己的工作不仅仅是为了个人追求和经济效益，更重要的是要带动乡村整体的发展，为百姓造福，实现自己在乡村振兴中扮演的引擎作用。所以，自我评价可以帮助乡村 CEO 更好地明确自己的职责定位，确保自己的思想和行为与乡村振兴的目标相一致。

（2）反思行动效果。自我评价使乡村 CEO 能够更加深刻地认识到自身所承担的社会责任。乡村 CEO 可以通过定期的自我评价来审视自己的决策和行动是否符合乡村发展的需求，是否有助于解决乡村面临的具体问题。例如，是否有效地促进了当地就业、提高了居民收入、改善了生活环境等。

（3）提升使命感与责任感。通过这种内省的方式，乡村 CEO 可以不断提升自己的使命感和责任感。这种责任感不仅仅体现在遵守法律法规、诚实守信等方面，更重要的是要在日常工作中体现出来，比如积极采纳村民的意见建议、关心弱势群体的需求、积极推动环境保护项目等。乡村 CEO 需要意识到自己的每一个决定都会对乡村产生深远的影响，因此必须谨慎行事，确保每一项决策都能惠及乡村和广大村民。

（4）投身乡村振兴事业。通过不断地自我评价和反思，乡村 CEO 可以更加坚定地投身于乡村振兴的伟大事业中去。这意味着他们不仅要关注短期的经济效益，更要着眼于乡村的长远发展。乡村 CEO 可以主动探索可持续发展模式，比如发展绿色农业、推广乡村旅游、支持乡土文化保护等，这些都是实现乡村振兴的重要组成部分。通过这些实际行动，乡村 CEO 不仅能够促进乡村经济的发展，还能提升乡村的文化底蕴和社会凝聚力。

**4. 推动持续改进**

无论是个人还是组织，持续改进都是实现长久发展的关键。自我评价促使乡村 CEO 不断检视自己的工作成效，寻找改进的空间。这种自我驱动的改进过程不仅能够提升乡村 CEO 的专业水平，还能带动整个团队向着更高的目标迈进。通过持续不断地自我超越，乡村 CEO 可以带领乡村实现质的飞跃。

（1）个人能力提升。自我评价促使乡村 CEO 反思自己的工作方法和决策过程，这有助于他们发现个人能力上的不足之处。例如，乡村 CEO 可能会发现自己在某一领域的专业知识不够扎实，或者在领导力方面有所欠缺。通过定期的自我评价，乡村 CEO 可以识别出这些短板，并采取措施加以改进，如参加培训课程、寻求导师指导等。这种不断地学习和提升有助于乡村 CEO 在专业领域内保持竞争力，更好地应对各种挑战。

（2）团队效能优化。除了个人能力的提升外，自我评价还能帮助乡村 CEO 优化团队效能。乡村 CEO 可以通过自我评价来评估团队的整体表现，包括团队成员之间的协作程度、工作效率以及创新能力等。如果发现团队存在某些问题，比如沟通不畅、执行力不足等，乡村 CEO 可以采取相应的措施加以改善，比如加强团队建设、引入新的管理工具等。这样不仅可以提高团队的工作效率，还能激发团队成员的积极性和创造力。

（3）企业文化建设。自我评价还能够促进乡村企业文化的建设。乡村 CEO 可以通过自我评价来评估企业文化是否与企业的发展目标相匹配，以及是否得到了团队成员的认可和支持。一个积极向上、充满活力的企业文化能够增强员工的归属感和忠诚度，进而推动企业的长期发展。乡村 CEO 可以定期举办文化活动、开展价值观分享等，以增强团队凝聚力和对企业文化的认同感。

（4）长期战略规划。自我评价对于乡村 CEO 制定长期战略规划也非常重要。乡村 CEO 可以通过自我评价来评估当前的战略方向是否正确，以及是否需要调整未来的发展目标。这种定期的审视有助于乡村 CEO 及时发现潜在的风险和机遇，从而做出更加明智的决策。例如，如果乡村 CEO 意识到市场需求正在发生变化，那么他们就可以通过自我评价来重新评估产品线，确保企业能够顺应市场趋势，抓住新的发展机遇。

### （三）如何进行自我评价

#### 1. 从经营绩效的角度出发

审视自己在业务拓展和财务管理方面的能力，关注企业的盈利状况，深入了解成本控制、资金利用效率等方面的表现。此外，市场表现也是衡量经营绩效的重要指标之一，包括产品的市场份额、销售额的增长趋势等。通过对这些关键指标的细致分析，乡村 CEO 能够更加清晰地认识到自己在业务运营上的长处与短板，从而为后续的改进提供依据。

#### 2. 在团队管理和人才培养方面

乡村 CEO 应当注重团队的整体协作能力和员工的发展潜力，一个高效的团队是企业成功的关键因素之一。为此，乡村 CEO 可以通过开展员工满意度调查来了解团队成员的工作态度和情绪状态，及时发现并解决存在的问题。同时，还需要重视人才的培养与发展，建立一套完善的激励机制和职业发展路径，激发员工的积极性和创造力。只有当员工感受到自己的价值被认可，并且有明确的职业规划时，整个团队才能保持高昂的斗志和创新精神，进而为企业创造更大的价值。

#### 3. 从社会责任和乡村关系的角度考量

评估自己在促进乡村可持续发展方面的作用。作为乡村经济的核心人物，乡村 CEO 不仅要追求经济效益的最大化，更要有意识地履行社会责任，例如积极参与环境保护、支持教育事业、推动基础设施建设等。此外，加强与当地政府、村民之间的沟通合作也极为重要。通过举办各类乡村活动，增进与居民的情感联系，不仅能够提升企业的社会形象，还能为乡村的发展营造良好的外部环境。乡村 CEO 应当定期评估这些非经济因素对企业乃至整个乡村的影响，不断调整策略，确保企业和乡村共同繁荣。

#### 4. 对个人成长和创新能力的反思

在快速变化的市场环境中，保持学习的态度和开放的心态至关重要。乡村 CEO 可以通过参加行业研讨会、阅读相关书籍、与其他企业家交流等方式，不断提升自身的专业技能和领导力。同时，创新能力是推动企业发展不可或缺的动力，乡村 CEO 应当鼓励团队成员提出新的想法，勇于尝试新技术和新模式，以创新驱动企业持续发展。在这一过程中，乡村 CEO 还需要学会合理安排工作与生活的时间，保持身心健康，这样才能更好地应对各种挑战，带领企业走向成功。

### 四、自我改进

乡村 CEO 作为乡村治理与发展的核心人物，角色不仅限于执行者和管理者，更是引领者和创新者。面对快速变化的乡村环境和日益复杂的挑战，乡村 CEO 的自我改进显得尤为重要。

#### （一）什么是自我改进

自我改进是指个体在认识到自身不足或存在问题的基础上，主动采取措施进行调整和优化，以提升个人能力、改进工作方法、提升工作效率的过程。

#### （二）自我改进的意义

##### 1. 加强自身能力建设，提升自信力度

随着社会经济的不断发展，万事万物都在不断变化，乡村 CEO 也面临着前所未有的机遇与挑战。为了能够有效地推动乡村的发展，他们必须不断加强自身能力建设，弥补自身不足，不断充实和完善自己。自我改进是一种很好的促进个人成长和能力提升的方法，乡村 CEO 在日常工作和生活中是很有必要使用此方法来锻炼自己的。

（1）强化自身本领建设，努力扩展视野。随着社会经济的快速发展，新的农业技术和管理理念层出不穷。乡村 CEO 需要时刻关注行业动态，学习先进的农业种植技术、农产品加工技术以及市场营销策略等，以确保所辖乡村能够跟上时代发展和社会需求的变化。除了专业领域的知识外，还应该拓展视野，学习一些财务、法律、信息技术等其他专业领域的知识，这对于提高乡村综合管理水平至关重要。将学习作为一

种生活方式，无论是通过线上课程、参加研讨会还是阅读专业书籍，学习都应该成为乡村 CEO 日常生活的一部分。

（2）提升自身专业能力，培养系统思维。深入研究农、林、牧、渔等专业领域的理论知识，使乡村 CEO 能够站在更高、更专业的视角来审视乡村发展全局。通过自我改进，乡村 CEO 可以培养起一种系统性的思维方式，即从整体出发考虑问题，而不是仅局限于局部。这种思维方式有助于他们在复杂多变的环境中做出更加全面和长远的规划，为百姓造福，为乡村发展作出更大贡献。

（3）激发信心，凝聚乡村发展奋斗力。乡村 CEO 需要通过持续地自我改进，逐渐克服对新兴事物的恐惧，学会在充满不确定性的环境中敏锐地捕捉到潜在的发展机会。其行为和态度犹如一面镜子，清晰地映照在村民的眼中，对村民的信心和支持度有着深远的影响。如果乡村 CEO 能够不断自我改进，树立起一个积极向上、勇于担当、富有智慧与远见的形象，那么他们就更有可能赢得村民的广泛信任与支持。这种信任和支持是乡村发展的重要基石，能够为乡村营造出一个团结一心、积极进取的良好氛围，从而汇聚起强大的力量，推动乡村在经济、文化、生态等各个领域实现全面而可持续的发展，让乡村焕发出新的生机与活力，成为乡村振兴战略中一道亮丽的风景线。

## 2. 加强团队沟通协作，凝聚团队内核

在乡村振兴的过程中，团队效能与协作能力对于乡村 CEO 及其团队至关重要，一个高效运作且团结协作的团队能够更好地应对各种挑战，肩负乡村振兴新使命。

（1）强化领导力，激励团队发展。乡村 CEO 需要通过自我改进来塑造自己的领导风格，并通过展现积极的工作态度、高度的责任感以及勇于承担责任的行为模式，树立良好的榜样形象。在日常工作和生活中，乡村 CEO 应身体力行，展现出勤奋、诚实和创新的精神。这样的行为能够激励团队成员效仿，从而形成积极向上、勇于探索的团队精神。并在不断学习和改进自我的过程中，展现出对个人成长的承诺，对团队成员的激励，对乡村振兴的追求。

（2）加强团队沟通，减少信息失真。通过自我改进来提高自己的沟通技巧，这包括清晰地表达想法、倾听他人的观点以及及时反馈等。在沟通过程中能够确保信息的准确传递，可以在很大程度上减少不必要的误解和信息失真。通过加强团队成员之间的相互沟通，乡村 CEO 可以建立起与团队成员之间的信任关系，促进团队内部的合作。团队成员之间通过顺畅地交流信息和分享想法，能更好地协同工作，共同解决问题。

（3）增强团队凝聚力，提升团队效能。乡村 CEO 应该通过自我改进来提升自己的人际交往能力，学会更加关注团队成员的情感需求和个人发展，了解团队成员的优势和兴趣所在，合理分配各项任务，取长补短，使每个人都能发挥自己的长处，以此增强整个团队的凝聚力。在自我改进过程中，乡村 CEO 还可以更加科学地制定乡村发展

愿景，并将其传达给团队成员。因为只有当每个人都清楚地知道团队的共同目标时，才会更有动力为实现这一目标而努力。当然，乡村CEO可以通过开展相关活动来增强团队成员之间的联系，从而强化他们对团队的归属感，激发团队成员的积极性，以提高团队的整体效能。

**3. 增强创新能力，完善乡村治理机制**

乡村CEO作为乡村振兴的重要引擎，在乡村振兴战略实施过程中扮演着至关重要的角色。需要他们具备扎实的专业知识和管理能力，具备敏锐的洞察力和创新能力，以适应不断变化的乡村发展环境。

（1）加强环境新认知，提出问题解决新方法。乡村CEO需要通过自我改进来增强对当前乡村发展环境的认知，这意味着他们不仅要了解国家政策导向、市场变化趋势，还要深入分析本地区域特色和资源优势。只有在深入了解乡村实际情况的基础上，才能够更准确地识别发展中遇到的问题。通过持续学习和实践探索，乡村CEO可以尝试不同的解决方案，找到最适合本地区域特点的发展路径，这需要他们加强对环境的新认识，敢于尝试新思路、新方法。

（2）提出制度新思路，提高乡村治理新效能。乡村CEO通过自我改进可以更加深刻地理解现有制度框架，并对其进行系统梳理和分析，找出其中存在的问题和不足。基于问题识别和制度梳理，乡村CEO可以提出针对性的改革建议，以此提高乡村治理的效率和质量。乡村CEO还可以通过各种渠道向上级部门反映基层的实际需求，争取更多的政策支持和资源倾斜，推动制度层面的创新。

### （三）如何进行自我改进

**1. 参加专业系统培训和课程**

乡村CEO可以参加由政府部门、高校或企业联合组织的系统培训课程对自己的不足进行自我改进。这些课程通常涵盖经营管理、市场营销、数字化工具应用、乡村规划、政策解读等多个方面。例如，中国农业大学与腾讯联合发起的"乡村CEO计划"，通过精心设计的课程体系，帮助乡村CEO系统掌握乡村运营的理论知识。通过学习乡村振兴政策，乡村CEO能够更好地理解国家对乡村发展的支持方向；通过学习经营管理方法，他们可以提升乡村产业的运营效率；通过学习数字化工具应用，他们能够利用互联网和新技术推动乡村经济的创新发展。当然，除此之外，还可以通过村庄实训和在岗锻炼等方式来实现乡村CEO的自我改进。

**2. 重视理论和实践相结合**

乡村CEO通过参加专业系统培训和课程，学习了经营管理、市场营销、数字化工具应用等理论知识，要注重将理论和实践相结合，将这些知识运用到实际工作中，真正实现学以致用、知行合一。如在深入田间地头时，要参与到乡村产业的实际运营中去，乡村 CEO 需要亲身感受乡村产业的各个环节，即从农产品的种植、养殖，到加工、销售，再到乡村旅游项目的开发与运营等每一个环节，这些环节都蕴含着丰富的自我改进的机会。同时还能让乡村 CEO 深入了解村民的需求和期望，更好地与村民沟通协作，赢得他们的信任和支持。通过将课堂上学到的理论知识与乡村的实际情况相结合，才能更好地理解如何运用现代管理理念和技术手段来提升乡村产业的效率和效益，才能在这个过程中不断进行自我改进并积累宝贵的经验，才能培养出敏锐的市场洞察力和灵活的应变能力。

3. 学习成功经验和做法

在自我改进过程中，应积极学习其他乡村 CEO 在工作中的成功经验和做法。可以通过参加交流会，分享各自的经验与挑战，在交流中互相启发、互相学习，从而不断完善自己的工作方法和思路。这种同行之间的互动不仅能够激发创新思维，还能建立起一个强大的支持网络，为乡村 CEO 提供情感支持和合作机会。此外，乡村 CEO 还应积极学习和借鉴先行地区的成功经验。这些经验是先行地区在长期实践中积累的智慧结晶，具有重要的参考价值。先行地区之所以能够取得显著成效，往往是因为它们在发展理念、模式创新、资源整合以及政策落实等方面进行了有效探索和实践。通过学习这些经验，乡村 CEO 能够更好地理解乡村振兴的内在规律，把握乡村发展的关键要素，改进和反思自身错误的行为和想法。

4. 持续学习与自我提升

乡村 CEO 的自我改进是一个持续的动态过程，贯穿于他们的整个职业生涯，需保持谦逊的学习心态，持续关注乡村发展的前沿动态和政策变化。因为乡村发展是一个复杂的系统工程，受到经济、社会、文化、生态等多方面因素的综合影响，而政策的调整和新技术的涌现更是时刻影响着乡村发展的方向和路径。因此，乡村 CEO 必须不断更新自己的知识体系，以适应不断变化的外部环境。同时，乡村 CEO 可以通过多种渠道持续提升自身能力。参加行业论坛和研讨会是其中的重要方式。这些活动汇聚了来自不同地区、不同领域的专家学者、政策制定者以及实践者，他们分享的最新研究成果、政策解读和实践经验，能够为乡村 CEO 提供丰富的信息和多元的视角。

### 课后练习

扫描二维码答题

## 任务二  自我管理

> **引导案例**

### 乡村CEO的自我管理之路

在中国的某个小村庄,随着近年来农业经济的转型,传统的农耕方式逐渐显得捉襟见肘,村民们的生活水平亟待提升。为了改变这一现状,村委会决定引入一位"乡村CEO"——李强。他是一个在城市成功创业的年轻人,充满活力,愿意将其管理经验和现代理念带回乡村,帮助村民们实现可持续发展。

在李强的计划中,自我管理是他要强调的重点,包括情绪管理、时间管理和学习管理。他深知,只有村民们掌握了自我管理的技能,才能在变化中找到自己的方向,提升生活质量。

李强初到村庄,首先组织了一场村民大会,向大家介绍自我管理的重要性。"自我管理不仅仅是个人的事情,它关乎整个团队的效率和发展。"李强在会上说。他提到,情绪管理可以帮助大家应对压力,时间管理能让每个人更有效地利用时间,而学习管理则是让自己不断进步的关键。

村民张大爷在会上表示:"我们这辈子都在种地,没时间去学习新东西。"李强认真倾听,并回应道:"时间管理是一种能力,我们可以通过合理安排时间,找到学习和工作的平衡。让我来教大家一些简单的方法。"通过这样的沟通,村民们逐渐对李强产生了信任,愿意尝试新的管理方式。

在随后的几周里,李强组织了一系列关于情绪管理的工作坊。他强调,情绪管理是自我管理的重要组成部分。村民们在日常生活中面临着各种压力,如家庭矛盾、经济困难等,情绪管理可以帮助他们更好地应对这些挑战。在一次工作坊上,李强引导大家进行情绪识别与表达的练习。他让村民们用"情绪轮"工具,标出自己在过去一周内的情绪状态,并分享触发这些情绪的事件。通过小组讨论,村民们发现,许多负面情绪源于沟通不畅和对未来的焦虑。

李强鼓励大家采用积极的自我对话和情绪宣泄的方法,如与家人朋友沟通等。这些简单但有效的技巧,帮助村民们在日常生活中更好地管理自己的情绪,减少了焦虑与冲突,提高了家庭的和谐度。

李强接下来引入了时间管理的理念。他帮助村民们认识到,合理安排时间可以让他们更有效地完成日常工作和学习,从而减轻生活压力。李强为村民们提供了一些时间管理工具,比如"时间块法"和"优先级矩阵"。在一次实践中,李强引导村民们制定个人的时间表。每位村民都记录下自己的日常活动，包括劳作、照顾家庭、学习新技能等。通过统计时间分配，村民们发现，许多人在日常生活中浪费了大量的时间在无效的活动上。例如，王大妈意识到，她每天花费了太多时间在无意义的闲聊上，反而忽略了学习现代种植技术。经过反思后，王大妈决定每天固定一个小时来学习新知识，并将闲聊转化为与邻居们的经验交流。这样的改变让她不仅提升了自己的技能，还增强了与邻里之间的关系。

自我管理的另一重要方面是学习管理。李强强调，持续学习是适应变化、实现个人和集体发展的关键。他鼓励村民们利用互联网资源，参加线上课程，学习现代农业、市场营销等实用技能。在一次村民会议上，李强组织了一次"学习分享会"，鼓励村民们分享自己在学习过程中的收获与经验。小刘分享了她在网络上学到的有机肥知识，王刚则谈到了如何通过电商平台销售农产品。这样的分享不仅激发了大家的学习热情，也让村民们意识到了知识的力量。李强还帮助村民们建立了一个"学习小组"，定期聚会讨论学习内容，互相督促。这一举措有效提升了大家的学习动力，使村民们在互帮互助中不断进步。

经过一年的努力，村庄在李强的引导下发生了显著的变化。村民们在情绪管理上变得更加成熟，能够更好地应对生活中的压力与挑战；在时间管理上，大家能够高效地安排日常工作，留出时间学习新知识；在学习管理上，村民们主动探索与实践，提升了自己的技能，增加了收入来源。

在李强的引导下，村民们不仅提高了自身的管理能力，也增强了乡村的凝聚力。村庄的经济水平正在稳步上升，生活水平逐渐改善。李强意识到，乡村自我管理的成功案例可以为更多地方提供借鉴。未来，李强计划将自我管理的理念推广到更多的乡村，通过建立"乡村 CEO"培训班，培养一批具备自我管理能力的村民，让乡村发展迈上新的台阶。

这个案例不仅展示了乡村 CEO 如何通过情绪管理、时间管理和学习管理改变村庄的面貌，也为其他乡村的管理模式提供了宝贵的经验与启示。自我管理的能力不仅是个体的提升，更是整个乡村向更美好未来迈进的动力。

## 一、情绪管理

### 1. 认知情绪

乡村 CEO 需要认识到情绪管理的重要性。在面对各种挑战和压力时，情绪管理能够帮助乡村 CEO 保持冷静和理智，做出更加明智的决策。乡村 CEO 可以通过日记记录来观察自己的情绪变化，记录每天的心情、遇到的压力事件以及自己的反应。这样做有助于乡村 CEO 更加清晰地认识到自己的情绪触发点，并逐步掌握自己的情绪波动规律。

#### 2. 分析情绪

一旦乡村 CEO 能够认识自己的情绪，接下来的步骤是对这些情绪进行分析。这意味着要深入探究情绪背后的原因，理解为什么会出现特定的情绪反应。例如，乡村 CEO 可能会发现，在面对项目延期或预算紧张等情况时，容易感到焦虑和压力。通过定期反思，乡村 CEO 可以分析这些情绪的来源，思考是否可以采取不同的方法来应对这些挑战，从而减少负面情绪的影响。

#### 3. 控制情绪

掌握了情绪的触发点之后，乡村 CEO 就需要学会如何有效地控制自己的情绪。这包括采取一些具体的措施来缓解压力和焦虑。例如，乡村 CEO 可以尝试通过深呼吸、冥想或其他放松技巧来平复心情，此外，建立一个支持系统也很重要，包括可以信任的朋友、家人或同事，与他们分享自己的感受和经历，寻求他们的支持和建议。通过这些方法，乡村 CEO 可以更好地管理自己的情绪，保持心态的平衡。

#### 4. 表达情绪

除了控制情绪之外，正确地表达情绪同样重要。乡村 CEO 需要学会以一种积极和建设性的方式表达自己的情绪。这意味着要学会使用适当的语言来表达不满或担忧，而不是采取攻击性的言语。乡村 CEO 还应该学会倾听他人的观点，尊重不同的意见，并寻找共识。通过有效的沟通，乡村 CEO 不仅能够改善与团队成员的关系，还能够促进团队的合作与和谐。

#### 5. 应用情绪管理技巧

乡村 CEO 需要将情绪管理的技巧应用于日常工作中。这意味着要在面对压力和挑战时，运用之前学到的策略来维持情绪的稳定。乡村 CEO 可以设立一个提醒机制，比如设置手机提醒或在办公桌上放置便签，提醒自己在情绪激动时采取相应的缓解措施。此外，乡村 CEO 还可以参加专门的情绪管理培训课程，学习更多高级的情绪调节技巧。通过不断的实践和应用，乡村 CEO 可以逐步提高自己的情绪管理能力，成为一个更加成熟和高效的领导者。

情绪管理不仅有助于乡村 CEO 在面对压力时保持冷静，还能促进个人成长和职业发展，最终为乡村的繁荣和发展作出更大的贡献。乡村 CEO 应该将情绪管理作为一种长期的习惯来培养，通过不断地实践和完善，逐步提升自己的情绪智力，成为更加优秀的领导者。

### 二、时间管理

#### 1. 设定优先级

乡村 CEO 要学会设定优先级。在日常工作中，乡村 CEO 会面临各种各样的任务和挑战，有些事情非常重要且紧迫，而有些则相对次要。为了更有效地管理时间，乡村CEO需要学会区分任务的紧急程度和重要性。例如，可以使用爱森豪威尔矩阵（时间管理工具）来帮助判断任务的优先级：将任务分为紧急且重要、不紧急但重要、紧急但不重要、既不紧急也不重要四类。通过这种方法，乡村CEO可以优先处理那些既紧急又重要的任务，确保最重要的工作得到优先关注。

2. 制定计划

明确了任务的优先级之后，下一步就是制定详细的计划。乡村CEO应该根据任务的优先级来安排每天、每周乃至每月的工作计划。可以使用日历或时间管理应用程序来记录任务和预约。制定计划时，需要注意为不可预见的事件预留一些缓冲时间。此外，乡村CEO还应该学会分解大型任务，将其细分为可操作的小步骤，以便更容易管理和追踪进度。通过这种方式，乡村CEO可以确保每一项任务都能够得到妥善安排，并按时完成。

3. 避免拖延

避免拖延是时间管理中非常重要的一环。乡村CEO经常会遇到需要立即处理的任务，但有时候可能会因为其他原因而推迟处理。为了避免这种情况发生，乡村CEO可以采用番茄工作法等技巧来提高集中注意力的能力。例如，可以设定25分钟专注工作，然后休息5分钟，每完成4个"番茄"后再休息更长时间。这种方法有助于提高工作效率，减少因拖延而浪费的时间。此外，乡村CEO还应该学会说"不"，避免接受超出自己能力范围或时间安排的任务，以免分散精力。

4. 定期评估

乡村CEO需要定期评估自己的时间管理效果。这可以通过回顾已完成的任务列表、检查工作进度和评估个人效率来实现。乡村CEO可以设定每月或每季度的时间进行自我评估，总结这段时间内的成果和不足之处。通过评估，乡村CEO可以发现时间管理中的薄弱环节，并据此调整自己的工作计划和习惯。此外，乡村CEO还可以寻求同事或上级的反馈，以便从不同角度审视自己的时间管理能力，并据此做出改进。

时间管理不仅有助于乡村CEO在繁忙的工作中保持高效率，还能促进个人成长和职业发展，最终为乡村的繁荣和发展作出更大的贡献。乡村CEO应该将时间管理作为一种长期的习惯来培养，通过不断的实践和完善，逐步提高自己的时间管理能力，成为更加高效和有成效的领导者。

## 三、学习管理

1. 设定学习目标

乡村CEO需要明确自己的学习目标。这些目标应该是具体、可衡量的，并且与乡村发展的需求相匹配。例如，乡村 CEO 可以设定目标来学习新的农业技术、市场营销策略或财务管理知识等。通过设定明确的学习目标，乡村 CEO 可以确保自己的学习是有目的的，并且能够直接服务于乡村的发展需求。此外，乡村 CEO 还应该定期评估这些目标的实现情况，以便及时调整学习计划。

2. 制定学习计划

一旦设定了学习目标，接下来就是制定详细的学习计划。乡村 CEO 应该根据自己的时间和资源来安排学习活动。例如，可以安排每周固定的时间来阅读相关书籍或参加在线课程。此外，乡村 CEO 还可以加入专业社群或参与行业会议，以便与其他领域的专家交流学习心得。通过制定学习计划，乡村 CEO 可以确保自己的学习活动是有条不紊的，并且能够充分利用有限的时间和资源。

3. 实践应用所学

学习不仅仅是为了获取知识，更重要的是要能够将所学应用到实践中。乡村 CEO 应该寻找机会将新学到的知识和技能应用到乡村发展的具体工作中。例如，如果乡村 CEO 学习了新的市场营销策略，那么就可以尝试将这些策略应用到乡村旅游项目的推广中。通过实践应用，乡村 CEO 不仅能够验证所学的有效性，还能够在这个过程中发现新的问题和机会，进一步促进个人成长和职业发展。

4. 不断反思和调整

乡村 CEO 需要定期对自己的学习过程进行反思和调整。这意味着要回顾已经完成的学习活动，评估它们的效果，并根据实际情况进行必要的调整。例如，乡村 CEO 可以每个月或每个季度进行一次自我评估，总结这段时间内的学习成果和不足之处。通过反思，乡村 CEO 可以发现学习过程中的瓶颈，并采取措施加以改进。此外，乡村 CEO 还可以寻求同事或导师的反馈，以便从不同角度审视自己的学习效果，并据此做出调整。

学习管理不仅有助于乡村 CEO 在不断变化的环境中保持竞争力，还能促进个人成长和职业发展，最终为乡村的繁荣和发展作出更大的贡献。乡村 CEO 应该将学习管理作为一种长期的习惯来培养，通过不断地实践和完善，逐步提高自己的学习效率和应用能力，成为更加优秀和有成效的领导者。

### 课后练习

扫描二维码答题

# 项目三 乡村 CEO 与企业内部沟通

## 项目概述

乡村 CEO 企业内部沟通是整合资源、凝聚力量的核心要素，本项目将围绕这一话题展开三个任务的探讨。在任务一中，将阐释"沟通是认知构建的无限游戏"这一理念，借助"沟通铁三角"（开放性、目标感、建设性）勾勒团队沟通的基本框架，并对团队沟通障碍进行剖析和方法论解答。同时，会介绍沟通与团队激励的关系，着重强调融合激励策略在激发员工创造力和工作热情方面的积极作用，并总结对于团队沟通的两个新认知：一是团队体验在人才培育及存续中发挥的关键作用，二是团队沟通与信息共享对计划制定与执行的重要性。在任务二与任务三中，我们将分别对与管理层、股东的沟通进行展开，涉及沟通效率提升、战略目标制定以及亚马逊和麦肯锡的沟通策略等内容，为乡村 CEO 在各个层面的内部沟通提供参考和启发。

## 任务一 与员工相关的沟通

2017 年初，饿了么的创立者张旭豪分享了他在团队建设方面的经验，其中两点和我们今天的话题相关。他首先提及，创业者需增强内部沟通的意识。张旭豪指出，市场上不乏一些"自我陶醉"型的创业者，他们在外界展示时充满活力，言谈间可能掺杂着未经深思熟虑的乐观言论，反之在团队内部却未能给予足够的沟通关注。他强调，这种现象需及时纠正，因为产品质量的稳步提升与团队的紧密协作才是企业立足之本。唯有切实服务客户、激励员工、回报股东，企业方能稳健前行。

另一方面，张旭豪特别提到了饿了么长期坚持的"老人院"模式。他观察到，随着公司步入发展快车道，企业文化、组织架构的稳固性及效能日益成为关键要素，资深员工的作用越发凸显。他们不仅深谙企业成长路上的艰辛与挑战，积累了丰富的实战经验，还因其在公司内部的深厚底蕴而拥有非正式领导力。当新员工面对资源调配难题显得力不从心时，资深员工却能通过其广泛的人脉和深入的沟通，更为顺畅地实现资源的配置。因此，张旭豪认为，充分利用资深员工的桥梁作用，对于促进企业内部和谐、提升整体运营效率具有不可估量的价值。

团队是由能力、个性、习惯不同的人组成的。人作为管理中最重要的因素，不管他们有多少不同，有一点是相同的，就是他们要完成一个共同的目标。为完成共同的目标，团队成员就必须要携手，必须要建立起有效的沟通机制。团队内部良好沟通机制的构建，不仅是组织建设的重要环节，更是冲突管理的稳定手段和团队激励的必要途径之一。

## 一、沟通是一场关于认知构建的无限游戏

"要将团队拧成一股绳"，说的就是塑造团队认知。认知，虽常被提及，却常谈常新。它基于信息，揭示事物间的内在联系，塑造我们对人、事的深刻理解。为何正确的认知备受推崇？因为它引导我们做出准确判断，确保行动方向无误。在形成精准认知的过程中，信息的广度和准确性是认知的基石，收集得越多，洞察越深，决策越精准。

这些信息一方面来自我们个人的亲身经历和感知，这些直接的经验为我们提供了宝贵的第一手资料；另一方面来源于我们与他人的交流和分享，特别是当我们身处团队之中时，成员间的讨论和互动往往能激发出新的思想和见解，这些对于解决当前工作中的问题尤为关键。

虽然我们每个人在社交平台上都能接触到大量的信息，但这些信息往往与我们的实际工作并不完全相关。相比之下，团队内部的沟通和信息分享则更加直接和有效，因为它们直接与我们当前面临的任务和挑战相关。因此，加强团队成员之间的沟通和信息共享，不仅能够提升工作效率，还能增强团队的凝聚力和向心力，使团队成员更加紧密地团结在一起，共同面对各种挑战。

有一个概念，叫"交互记忆"。这个概念最早出现在社会心理学领域，现在已经被管理学家应用于团队和组织建设。它的意思是说，当一个团队的成员在一起工作的时间比较长了之后，他们便会分享一些别人的信息，并且将之在头脑中存储，以备不时之需，从长期来看，就可以显现出群体的信息优势，甚至是认知优势。

我们都有这样的经验：在团队交流中，某位成员提及的某个话题，乍看之下与手头任务无直接关联，当时我们可能未深入探究其细节，但这些信息却以一种"目录式"的形式悄然存储于我们的记忆库中。日后，当这些看似无关紧要的信息意外地与我们的需求相契合时，我们会自然而然地回想起，并主动向那位提及此事的同事求证更多细节，甚至在他已遗忘的情况下，协助他一同回忆。这一现象，正是"交互记忆"或团队记忆的生动体现。

学术界已普遍认同，一个高效的团队所累积的集体记忆远超其任一成员的个体知识储备；深入研究更揭示了团队间频繁且直接的面对面交流，是增强这种交互记忆能力的关键。尤为值得注意的是，当团队面临决策或判断的关键时刻，成员们能够凭借相互间的沟通，迅速激活并整合存储于团队中的相关信息，从而有效支持决策过程。这一发现强调了团队内部信息流动与共享的重要性，以及其在推动团队效能提升中的核心作用。

有一门课程叫"组织行为学"，1989年该领域有一项引人注目的实验：通过将学生分组，历经一学期多次测试，先个人作答后集体作答。结果显示，团队作答的分数不仅超越个人平均，还高于组内最高分学生。这一发现有力证实了团队记忆的存在，以及其强大力量。值得注意的是，在200多个小组中，仅3组顶尖学生的个人分超越团队分。因而从普适角度来看，合理沟通加持下的决策议程往往能够为方案的合理性提升带来积极效果。

事实上，沟通的这种交互属性，不仅体现在团队内部的沟通中。从本质上讲，任何涉及外界信息交换的行为，均构成了沟通的一部分；而在其影响层面，沟通展现出的是一种广泛且持久的力量。无论是家庭餐桌上的轻松讨论，还是通过乡村CEO平台进行深度交流学习，都是沟通在不同场景下的生动展现。

因此，请大家深刻理解并铭记：沟通，是一场关于认知构建的无限游戏。这一理念与《有限与无限的游戏》一书不谋而合。书中阐述的"无限游戏"，核心在于其无边界的特质，没有预设的终点，不追求一时的胜负，而是致力于持续与创造。正如沟通，虽然使用的语言、词汇是有限的，但它们所激发的情感共鸣、个人体验以及人际关系的深化，却是无限延展的。正是这种无限性，促使我们必须从更广阔的视角来审视沟通，进而培养和发展出高效且富有成效的沟通技巧。

## 二、认识团队沟通：从"铁三角"开始

在探讨沟通的复杂性时，我们需要先了解心理学领域的一个核心理论——乔哈里窗（表3-1）。作为极具洞察力的工具，它能够为我们揭示为何沟通是一项必要且充满挑战的任务。

表 3-1 乔哈里窗

| 乔哈里窗（示意） | | |
|---|---|---|
| 信息知晓情况 | 我知道的 | 我不知道的 |
| 你知道的 | 共识区 | 我的盲区 |
| 你不知道的 | 你的盲区 | 共同的盲区 |

在沟通中，人们之间的信息分成了四个象限。

第一个象限，是我知道你也知道的信息，这是沟通中的共识区。这很简单，就是我们的信息完全对称、完全一致。如果我们在这个象限里展开沟通，那就非常容易。

第二个象限是那些你未知而我知晓的信息，这就是我的认知盲区。

第三个象限，则是我了然于胸而你却未曾察觉的信息，这自然成了你的盲区。

在这两种情境下，人们试图相互说服、达成理解和共鸣将变得尤为艰难，因为沟通双方各自的世界观和关注点并不总是重叠，无法在同一认知范围内进行讨论。我们应该如何在这样的信息不对称中寻求理解、谋求共识、推动行动，便成了一项值得深思的课题。

第四个象限，代表了那些沟通双方都未曾触及、共同未知的信息领域，它们构成了合作的共同盲区。面对这样的共同盲区，沟通双方需要警觉地探索未知，共同努力去拓宽视野。

现在你应该明白了为什么沟通难，是因为盲区太多太大了。为了解决这些问题，就需要用到我们接下来的"铁三角"理论。

"沟通铁三角"模型由三大原则构成：开放性原则、目标感原则和建设性原则。具体而言，开放性原则帮助我们打破隔阂，拉近彼此的距离；目标感原则则确保沟通始终围绕核心议题，为对话指引方向；而建设性原则则鼓励、推动沟通成果的实际落地。通过灵活运用铁三角策略，我们能够将每一次沟通都转化为一场富有成效且充满可能的无限游戏。

**1. 铁三角之一：开放性**

开放性，实质是一种通过积极沟通的策略消除彼此间的认知盲区，是拓宽并深化双方共识区域的一种能力。因此，开放性远非仅仅是展现某种姿态或意愿，它是一种实实在在、可培养与提升的能力，能够促进更加深入、全面的交流与合作。

设想一个场景：新入职的员工在任务执行中遭遇了严重延误，且自始至终未主动反馈。面对此情此景，两位不同风格的上级采取了截然不同的沟通方式。

第一位上级可能会采取较为直接且略带责备的口吻："我必须指出，未能按时完成任务且缺乏及时沟通，这是职场中的重大失误，将直接损害你的工作评价。我此刻的提醒，完全是出于对你的关心与期望。现在，我额外给你一天时间，务必赶上进度。"

第二位上级则展现出高度的开放性："我注意到你所负责的工作进度有所滞后，我想了解一下，是否遇到了什么难以克服的困难？不妨与我分享你的困扰。"在耐心倾听并理解员工的实际难题后，这位上级会基于具体情况，提供更加贴心和有效的指导与支持。

显然，第二种沟通方式不仅更加人性化，也更能激发员工的积极性与信任感。它不仅帮助员工感受到被尊重与理解，还可能促进问题更有效地解决。

我们再看一个场景。我有一位朋友曾在办事大厅工作，观察到一个普遍现象：前来窗口办理业务的群众往往情绪易波动，稍有不如意便显得急躁不安。究其原因在于办事双方之间的"乔哈里窗"盲区显著——对于窗口工作人员而言，业务流程烂熟于心，每个步骤都如同例行公事般清晰明了；而对初次接触这些流程的民众来说，每一步都充满了未知与不确定，他们不清楚当前环节是否已完成，更不清楚接下来该何去何从。这种信息不对称导致的失控感，自然容易引发情绪的波动。

面对这一挑战，他设计了一份简洁明了的流程指南，每当完成一个环节，就在相应的位置打上勾，并亲手交给办事群众。这份小小的举动，不仅让群众清晰地知晓了当前的办理进度，还为他们指明了下一步的方向。更贴心的是，他还会附加一句温馨提醒："您的业务在我这里已顺利办结，若对后续环节有任何疑问，请直接拨打这张纸上的电话找我。每一个环节的同事都会为您的便利而努力，但咱们直接沟通，可能能让事情变得更简单。"

这正是开放性沟通策略在消除沟通盲区上的生动体现。要实现这一目标，有两个关键技巧值得借鉴：一是"多说"，即善于提出开放性问题；二是"不说"，即避免使用反问句。

提出开放性问题，要求回答者不仅限于"是"或"否"的简单肯定或否定，更是需要他们提出能够补充信息量的问题。这类问题鼓励对方展开叙述，分享更多的细节、观点或经验。通过提出开放性问题，我们能够有效促进对话的深度与广度，从对方的回答中挖掘出丰富的信息内容。这一过程不仅有助于我们更全面地了解对方的立场、感受与需求，还能揭示出可能存在的认知盲区或误解。进而，通过积极的倾听与反馈，我们可以共同探索并消除这些盲区，增进彼此的理解与共识，推动沟通向更加高效、和谐的方向发展。

采用不同类型的提问方式——开放性问题与封闭性问题，向同一对象发起询问，往往会触发截然不同的交流效果与反馈深度。以职场中领导分配任务后的确认环节为例，若采取封闭性问题的形式，比如："领导，我记录了这三项任务，是否需要我立即着手执行？"这样的提问往往仅能得到"是"或"否"的简短回应，限制了双方进一步探讨任务细节与期望的空间。相反，若我们转而运用开放性问题："领导，在您看来，除了这三项核心任务外，还有哪些方面是我需要特别关注或提前规划以确保任务圆满完成的呢？"这样的提问策略更有可能激发领导的深入思考与分享，从而揭示出那些未明确提及但至关重要的信息点或建议，帮助我们更全面地把握工作全貌，提升任务执行质效。

再将视角转向客户服务场景，面对客户的投诉时，假如我们选择用封闭性的直接回应，如："这个功能我们的设备是具备的，您是不是没找到？"这样的回答不仅难以解决问题，反而可能加剧客户的不满与挫败感。而采用开放性的询问方式："能否请您详细描述一下您使用我们设备的具体步骤？这样或许能帮助我们更快地定位问题所在。"这样的提问鼓励客户回顾并重现操作过程，常常使客户在自我叙述的过程中自行发现问题所在，如遗漏了某个关键步骤（如未摁下某个按钮），从而迅速解决困扰，并在不知不觉中增强了客户的满意度与信任感。

在开放性问题代表的"说与不说"艺术中，"不说"就是要避免使用反问句，即那种看似疑问实则传达确定立场或指责的句式。在沟通交流中，反问句往往不经意间触及对方的敏感点，造成不必要的误解与冒犯。

想象一下，当你兴奋地分享买了新车时有人反问："你为什么不买越野的啊？"这种提问方式无形中否定了你的选择，让你感到被质疑甚至被冒犯。同样，在朋友圈分享亲子时光，若遭遇"怎么给孩子穿这么少啊？"的反问，原本温馨的分享可能瞬间蒙上阴影，因为这样的提问方式让人感觉被评判与担忧过度——这些反问不仅未能提供实质性的帮助或安慰，反而让人觉得自己的被轻视或忽视。

当这些语句出现时，理智上我们或许能辨识出对方并无恶意，但情感上却不由自主地筑起了交流的壁垒，瞬间关闭了心灵对话的窗口，沟通渠道无法流通新知的活水，共识的桥梁难以搭建，误解的迷雾也难以驱散，最终让沟通的基础岌岌可危。

鉴于此，在沟通中，应摒弃"反问句"这类可能引发误解与隔阂的表达方式，转而采用更为直接、充满尊重且富有建设性的语言来传达我们的观点与关怀。

若你发现自己曾不经意间陷入这样的沟通陷阱，不妨主动向亲朋好友寻求反馈，自我审视并努力克服这一习惯。每当"怎么不"这样的反问冲动涌上心头时，不妨给自己一个提醒，将反问转化为更为平和、正面的表述。这一转变，将让你的沟通之旅变得更加顺畅，人际关系也因此而更加温馨和谐。

## 2. 铁三角之二：目标感

依靠开放性来实现信息的全面流通与对称是沟通中的重要一步，却不足以确保双方能够紧密合作、共同解决问题。在这个过程中，有一个至关重要的因素不可或缺，那就是"铁三角"模型中的"目标感"。

"目标感"作为沟通铁三角的核心支柱之一，其重要性在于为双方的对话与合作设定了一个清晰、共同的方向。它确保了在开放性交流的基础上，双方能够明确彼此的期望、目的以及最终希望达成的结果。只有当双方都对目标有着一致且深刻的理解时，他们的努力与行动才能形成合力，避免在解决问题的道路上出现偏差或偏离正轨。

目标感，并非单纯地将个人或团队的目标挂在嘴边反复提及，而是一种在沟通中能够清晰阐述目标并伴随以具体解决方案的能力。它体现在一种"目标＋行动方案"

的综合表达模式中，标准句式可以是："我们旨在实现某一目标，为此，我提议采取以下措施。"

以部门会议为例，作为领导，如果只是简单地发布指令："明天的会不能迟到。"这样的表述虽明确了目标，却缺乏实现目标的路径指引，容易让人感到压力而缺乏积极性。相比之下，另一种说法则显得更为周到和鼓舞人心："明天的会议至关重要，为了确保准时出席并充分利用时间，我建议我们提前半小时出发。考虑到小王你们组还有内部会议，我已经安排了车辆，我们可以在车上进行简短会议，这样既节省了时间，又保证了效率，大家看这样安排怎么样？"

这种表达方式不仅明确了会议的重要性这一核心目标，还贴心地为团队成员提供了实现目标的具体方案，充分考虑了实际情况并做出了合理调整。这样的沟通方式能够激发团队成员的积极性和合作意愿，使他们更愿意配合并共同努力达成目标。

再看一种很常见的情况。你想拜访一个客户，但是对方总是拒绝你，每次都说："不好意思，我最近特别忙，咱们改天吧。"这个时候，缺乏目标感的人可能会以顺从的态度回应："好的，那您方便了随时通知我。"然而，一个具备强烈目标感的人则会采取更加积极主动的策略。

比如，他们会这样说："既然您今天日程紧凑，我能否考虑明天亲自将相关资料送到您的办公室，这样当您有空时，我只需占用您宝贵的10分钟时间，为您详细介绍我们的规划？"或者，当得知客户即将出差时，他们会展现出更高的灵活性和服务意识："听说您要出差，要不我安排一下，送您去机场的路上，我可以用这段时间为您概述我们的方案，保证不耽误您的行程。"

可能你也想到了，目标感的核心，并非单纯地将个人目标强加于对方，使之被动接受，而是一个持续互动与协商的过程，旨在将双方的目标融合成彼此都能接受并共同追求的方案。在这个过程中，重要的是保持灵活性和创造性，不断提出新的方案或调整现有方案，以适应对方的关切与需求——不接受没关系，我还有新方案直到你接受为止。

这种持续探索与优化解决方案的策略，正是目标感在现实生活中的精彩演绎。这要求沟通者不仅要怀揣明确目标，更需具备敏锐的洞察力以捕捉对方的需求与现状，从而灵活调整策略，巧妙地将个人目标转化为对方既可接受又乐于接纳的形式。面对方案的碰壁，我们非但不该气馁，反而要能迅速响应，构思出更加贴合对方实际情况的新方案，直至双方携手找到合作的黄金交汇点。这种持之以恒、随机应变的品质，正是目标感赋予我们的宝贵财富。

拥有目标感的沟通者，往往展现出令人侧目的灵活性，他们仿佛手握多把钥匙，面对沟通中的重重难关，总能逐一尝试，直至找到开启合作之门的那一把。尤其是在面对复杂艰巨的沟通挑战时，他们"生产方案"的能力更是能够经受住考验，展现出惊人的创造力与适应力。

因此，当我们致力于培养目标感时，实际上是在磨砺自己分析复杂局势、构思高效策略的能力。这不仅是一场关于沟通技巧的修炼，更是一场贯穿生命始终的旅程，它促使我们在面对问题时能够更加从容不迫，同时以更加智慧和坚韧的姿态，去解决问题、迎接挑战。最终，我们会发现，从沟通的目标感出发，收获的不仅是沟通能力的提升，更是解决问题、驾驭生活的全面成长。

### 3. 铁三角之三：建设性

在沟通这场无限游戏中，开放性如同探照灯，照亮隐藏的角落，让你捕捉到宝贵的信息；而目标感则是那座灯塔，指引你制定出切实可行的方案——然而，要让这些方案从纸面跃至现实，实现其真正的价值，建设性才是那把不可或缺的钥匙。因为只有落实到行动，我们的沟通才能真正做到落地。如何实现这一跨越？关键在于激发并引导对方采取初步行动，即提供一个易于执行的最小化行动步骤，并以此为基础，通过持续反馈，推动事项稳步前行。

具体实施中，需要做到两点：第一，学会说"我们"，即在沟通中，将"我该如何行动"转变为"我们共同来怎么做"，这样的转变，不仅拉近了双方的距离，更促进了合作氛围的形成，使对方更愿意参与到行动中来；第二，掌握并运用一句魔力话语——"来，我们抓抓落实"，这句话如同行动的号角，适合在每一次交流、会议、报告乃至轻松的聚餐之后响起，它不仅展现了你对结果的执着追求，还将巧妙地引导着双方将刚刚凝聚的智慧结晶，迅速转化为可触摸的、第一步的具体行动。

现在我们可以先做个小结：通过开放性获取信息，以目标感制定方案，再以建设性的方法推动行动，我们便能在这场沟通的游戏中，不断前行，创造价值。而沟通之后落地的起点，不过是简单的"我们"二字，以及那一句充满力量的"来，我们抓抓落实"。

比如，一场拜访结束了。临走前，告别的时候，怎么说？一种常见的说法是："今天咱们交流得特别好，我很有收获，改天咱们再聊。"很常见吧？现在我们换一种："今天咱们交流得特别好，我很有收获。来，我们抓抓落实吧。你今天提出的几个建议，我们会很快落实。下周你什么时候有时间，我们来跟你反馈一下我们的落实方案，怎么样？"这种说法是不是既能展现你的积极合作姿态，也能帮你和对方继续保持交流呢？

再举一个实例来深化理解。设想家中的孩子正值小学阶段，期末考试成绩不尽如人意，亲子双方都难掩失落之情。此时，家长的沟通方式至关重要。有的家长可能会采取较为传统的方式："这次考试结果不太理想，咱们得加把劲，下次一定要考好。"虽然充满鼓励，但往往缺乏具体的行动导向，效果有限。

相比之下，另一位家长则展现了更高的沟通智慧："孩子，看到你对这次成绩感到失望，我能理解你的感受。不过，没关系，我们一起面对。今晚我们就来个小小的学习会，我陪你一起分析错题，确保我们下次能避开这些陷阱。"这样的回应，不仅体现了对孩子的理解与支持，更重要的是，它将孩子的注意力从消极情绪中引导出来，转向了积极、具体的行动方案上。这种建设性的沟通方式，不仅能帮助孩子快速调整状态，还能促进亲子间的默契与合作——而这背后的逻辑同样适用于团队内部的沟通策略，助力团队快速成长与进步。

再来看一个职场中常被忽视却至关重要的例子——对于 PPT 汇报最后一页的设计。很多时候，我们习惯于在 PPT 的结尾处简单写上"谢谢"或"感谢聆听"，这样的表述虽显礼貌，却缺乏实质性的建设性。事实上，很多人都没意识到，PPT 汇报的结束并不意味着沟通的终结，而往往是新一轮互动与决策的开始。

因此，一个更加高效且具有建设性的做法是，在 PPT 的最后一页明确提出下一步的行动请求或建议。比如："请各位领导审阅后，给予宝贵的反馈，并希望能在本周五前获得关于项目预算的审批结果。"这样的设计，不仅清晰地传达了汇报者的期望与需求，还巧妙地引导了会议的后续进程，避免了会议结束后可能出现的沉默与尴尬，促进了决策的高效与及时。这样的沟通策略，无论是在家庭教育中，还是在职场沟通中，都能发挥巨大的作用，推动事情向更好的方向发展。

在交流汇报的舞台上，奢望一次性通过并获得全面认可是不切实际的幻想。因此，与其被动等待，不如主动出击，通过积极表态与巧妙引导，将沟通的焦点重新聚焦于方案的细节探讨之上。

正如我们所探讨的那样，沟通在语流、话术、信息的维度上，或许可以被视为一场有限游戏，受限于既定规则与框架。然而，在更深层次的体验、感受与关系层面，沟通则成为一场无限游戏，它超越了言语的界限，触及心灵的交流。在这里，开放性、目标感与建设性，成为我们手中的魔法棒，不断将每一场沟通从单纯的信息传递，提升至人际关系的深度构建。

因此，作为乡村 CEO 更应该运用开放性去倾听、去理解，捕捉那些潜藏于言语背后的真实需求与情感；凭借目标感去规划、去引导，确保沟通始终围绕着清晰的目标与愿景前行；依靠建设性去行动、去落实，将共识转化为具体的步骤与措施，推动事情向前发展。

希望未来在"铁三角"的指导下，每一次交流都能成为加深理解、增进信任、促进合作的契机，将这场构建共同认知的游戏无限延续下去。

## 三、布局在前：规避团队沟通障碍

常言道"众人拾柴火焰高"，似乎暗示集体智慧总能超越个人之才。然而，这句俗语背后的真相却复杂得多。实际情况中，团体未必总能汇聚成超越个体的智慧之海，反而可能因相互间的偏见、思维固化而陷入"团体迷思"的漩涡，导致决策质量大打折扣。*Wiser: Getting beyond groupthink to make groups smarter*（《明断：超越团体迷思》）一书详细介绍了避免陷入"团体迷思"的方法，这本书的作者为卡斯·桑斯坦和雷德·海斯蒂。

下面，围绕以下三个主要问题来揭示团体如何有效讨论、决策与协作，以释放真正的集体智慧，并规避常见陷阱：第一，团体讨论时容易出现哪些错误，要如何避免？第二，要避免团体迷思，挖掘出集体智慧，领导者应该怎么做？第三，要超越团体迷思，团体讨论应该遵循什么样的流程？

### （一）团队讨论常见错误

团体决策与协作的核心环节是团体讨论，这一过程的质量直接关乎集体智慧能否得到充分释放。然而，当团体讨论陷入"团体迷思"的困境时，集体智慧的发挥便会受到严重制约。桑斯坦深入剖析了这一现象背后的两大根源。

首先，是信息流通的瓶颈。若成员间未能充分共享各自掌握的信息，尤其是那些未被他人所知的信息，那么讨论就容易陷入片面与局限，从而触发团体迷思——这与我们前面提到的"乔哈里窗"理论不谋而合。

其次，是团体压力的无形束缚。在讨论过程中，成员们往往会感受到来自各方的压力，这种压力可能源自对领导权威的畏惧、对个人观点不确定性的担忧，或是群体一致性的强烈胁迫暗示。这些压力因素共同作用，使成员们倾向于保持沉默或附和他人，而非勇敢表达自己的独特见解。

具体到讨论过程中，两种典型的错误行为尤为突出："羊群效应"与"极端化倾向"。

#### 1.羊群效应

所谓"羊群效应"，即指在讨论初期，某个成员的观点如同领头羊般引领了整个讨论的方向，后续发言者往往不自觉地跟随这一方向，缺乏独立的思考与批判。这背后，既有对领导权威的顺从，也可能源于发言人对自我观点的不自信，还可能是因为群体一致性的裹挟。随着讨论的深入，这种倾向性观点可能形成压倒性优势，使持不同意见者感到孤立无援，进而选择沉默或妥协。

在团体讨论中，羊群效应虽不总是表现得那么强烈，但其潜在危害不容忽视。一个常见的现象是讨论往往过度聚焦于已被广泛共享的信息，而忽视了那些仅由少数人掌握的关键信息。这些"少数派信息"虽可能因种种原因而备受冷落，但是少数人所掌握的信息可能恰恰至关重要，忽略它就会导致决策失误。

想要有效规避羊群效应，关键在于打破既定框架，促进信息的全面流通与深度挖掘。可以通过随机确定发言次序或让资历较浅者率先发言的方式，来打破权威与从众心理的束缚。这样做的好处在于资历较深的成员在后续发言时，所承受的不同意见压力会相对较小，也更有可能保持独立思考，避免盲目附和。

此外，鼓励信息分享也是至关重要的一环。亚马逊创始人贝索斯的会议模式为我们提供了宝贵的借鉴：会议前，每位成员都应将自己的想法整理成备忘录并提交，这不仅促使个人深入思考并充分表达自己的观点，也为其他成员提供了了解彼此想法的窗口。通过会前阅读备忘，参会者能够更全面地掌握讨论的背景与多样性，从而在讨论中更加自信地提出或支持自己的观点，不易被首个发言人的意见所左右。

综上所述，改变发言顺序与鼓励信息分享是避免羊群效应、激发团体讨论活力的有效策略。它们共同作用于提升讨论的深度与广度，确保集体智慧得以充分释放，为更加明智的决策提供坚实基础。

### 2. 极端化倾向

简而言之，走极端现象是在团体讨论过程中，原本多样化的观点在交流后非但没有融合成更为均衡的共识，反而趋向于极端化。以公司预算会议为例，起初成员间对销售增长预期存在不同看法，从保守的 5% 到乐观的 10% 不等，但讨论后却一致采纳了更为激进的 20% 增长目标，这便是走极端的体现。

那么，团体讨论的结果到底是会强化集体的观点，还是会让每个人的想法变得更多元？针对这个问题桑斯坦做了一个实验，过程我们不作赘述，结果是揭示了团队运行的一条重要规律：团体讨论不但不能促进观点的多元化，反而会加剧观点两个极化趋势——不仅集体观点走向极端，个体成员的意见也变得更加极端化。

当团体内部成员初始观点相近时，他们之间的讨论更容易促成内部思想的统一。即便是进步派内部，在讨论前对特定议题也可能存在细微分歧，但经过讨论，这些分歧往往被迅速消解，形成更为一致的极端立场。这一发现强化了实验的结论：相似观点的群体在讨论中更容易强化彼此的观点，而非促进思想的多元化发展。

走极端在某些情境下也有其积极面。当团队初始讨论的方向本就正确时，极端的趋同能迅速凝聚共识，加速找到问题的有效解决之道。然而，其潜在风险亦不容忽视：一旦方向偏离正轨，极端化将加剧错误，且易引发羊群效应，导致信息闭塞与思维僵化。

为何团体讨论常常容易滑向极端？这背后深藏着心理机制的微妙作用。如前所述，团体成员在表达观点时，常需面对三重社会压力：对权威的敬畏、对多数意见的顺应，以及对自我信心的考量。而在一个观点相近的群体中，这些压力显著减轻——成员们的观点至少与主流方向一致，相互间的共鸣又增强了个人自信，从而更容易强化共同立场，步入极端。

为有效规避团体讨论中的极端化倾向，桑斯坦提出了一种创新策略：设立"魔鬼代言人"角色。这一角色专司唱反调之职，被鼓励并需主张与主流相悖的观点，其核心价值在于为持异议者提供一个发声的平台，减轻其表达不同意见时的心理压力。通过这一机制，团队内的观点交流得以更加开放与多元，有助于避免盲目跟从与极端化决策，确保团队在探索解决方案时能够保持清醒与理性。

为了有效防止讨论陷入极端化的境地，一个行之有效的策略是在组织团队讨论时，特意邀请并明确标识出各专业领域的专家。这些专家，作为各自领域内的权威人士，不仅能在其专长范围内提供深入且专业的见解，还具备勇于挑战主流观点、打破既有框架的特质。通过他们的参与，能够削弱不成熟的共识影响，避免讨论仅围绕共有信息的浅层次交流，从而促进更全面、深入地探讨。

总之，团体迷思源于信息分享不足与成员表达压力。其表现有二：一是羊群效应，即首发言者影响后续观点，忽视少数关键信息，防范羊群效应可随机发言或让资历浅者先发，加强信息共享；另一错误是走极端，多数人意见压制少数，虽促共识却易误判，应引入多元背景人士，尤其是专家，及设立"魔鬼代言人"角色，可促进信息分享与反对意见表达，避免极端决策。以上都是组织层面的讨论，若在个人层面，面对这些问题，领导者应该怎么做？

## （二）克服团队迷思，挖掘集体智慧

只有把不同人的多元视角和相互差异的观点集合到一起，才能产生集体的智慧。因为多元的视角，甚至反对的意见，才能真正产生创造力和推动创新。因此，领导者应该做到两点：一是少说多听；二是带着强烈的问题意识，学会从最坏的角度看问题。

为何优秀领导应秉持"少说多听"的原则？原因在于，领导者的过早或过多发言易诱发团体中的"羊群效应"，即成员倾向追随首个发声者，尤其是当此人为薪酬最高的领导者（HiPPO现象）时，将导致团队互动流于表面，集体智慧被单一声音所替代。

那为何要树立问题意识？要讨论这个问题，我们需要先将领导者粗分为两类：乐观派与焦虑者。前者以其轻松、活力与对未来的乐观态度赢得人心，营造一切尽在掌握的氛围。而焦虑者，虽常被视为杞人忧天，实则更具问题意识，能敏锐捕捉潜在挑战，对团队而言或具更深远的助益。

要挖掘出集体智慧，领导者首先要做表率。领导要想在讨论过程中鼓励每个人都分享自己掌握的信息，不仅要用到前面提到的回避"羊群效应"和"走极端"的基本办法，还要做到"少说多听"并树立"问题意识"，对可能出现的障碍和挑战有一定的焦虑，这样才能聚焦问题，防范可能出现的风险。

## （三）如何实现高效的团队沟通

接下来，我们将深入探讨如何组织高效率的团体讨论，这一过程通常划分为两个相辅相成的阶段:"创意激发"与"问题解决"。

之所以将团体讨论划分为这两个阶段,是因为它们服务于不同的核心目标。在"创意激发"阶段,我们的目标是营造一个开放包容的环境,鼓励每位参与者畅所欲言,贡献各自独特的见解与创意。这一阶段强调思维的广度与多样性,旨在收集尽可能多的想法与可能性,形成一张丰富的蓝图。通过开放的心态、创新的思维以及多元的视角碰撞,我们期望能够突破常规,发现新颖的视角与解决方案。

进入"问题解决"阶段,则要求我们将注意力转向具体策略的制定与实施。此时,讨论的氛围需转变为专注而集中,强调逻辑严谨、细致考量与批判性思维。团队成员需共同筛选、评估并优化在创意激发阶段产生的各种想法,最终确定切实可行的解决方案。此阶段的关键在于统一思想,确保决策过程既科学又务实。

首先看"创意激发"。其核心在于激发每位成员的创造力,鼓励大家跳出框架思考,勇于提出不同甚至是对立的观点,也就是我们常说的"开脑洞"。通过积极倾听与尊重差异,我们能够汇聚成一股强大的创新力量,共同绘制出解决问题的多元路径图。在此过程中,尤其要保护少数派的声音,因为正是这些不同的声音,往往能够激发新的灵感,引领我们走向未曾预见的解决方案。

在创意激发的"开脑洞"阶段,最重要的是汇聚来自不同背景、视角、知识储备与专业技能的意见持有者。同时确立两大原则:首先,清晰界定待解决的问题与最终追求的目标,为创意航行设定明确的方向标;其次,建立明确的评估准则,用以衡量每个创意方案的可行性与预期成效,确保讨论不偏离务实轨道。缺乏这两点指引,"开脑洞"的会议可能沦为漫无目的的闲聊,难以形成有价值的共识。因此,在会议进程中,应心怀警惕及时纠偏,确保每位参与者都能毫无保留地贡献自己的最佳创意,并预留充足的时间让大家静心思考、相互借鉴。

接下来,我们就来看看团体讨论的第二个阶段——"具体解决问题",这是一个更加务实且聚焦于结果的过程。在此阶段,团队的核心任务是通过深入讨论与细致筛选,从众多提案中挑选出最为合适且切实可行的解决方案。此时,多元视角与多样声音虽仍重要,但更重要的是在共识基础上达成一致。

为了实现这一目标,团队需明确界定何为"最佳解决方案"的具体标准,并设计详尽的测试计划以验证各方案的可行性。在选择过程中,为减少个人偏见或权威影响,建议采用无记名投票方式,确保每位成员的意见都能得到平等且客观的考量。

评估解决方案的优劣时,成本收益分析是一个不可或缺的工具。它要求团队精确估算新方案所需的投入成本及其潜在收益,从而做出更加理性与经济的决策。桑斯坦的观点进一步强调了计划讨论中的执行力原则:任何提出的方案,若不能有效贯彻执行,即便构想再美好,也只是空中楼阁。因此,在探讨与制定政策时,必须充分考虑其实施的可行性与成本效益，确保政策不仅理论上可行，更能在实践中发挥积极作用。如果没有办法执行，那只能是方案制定者一厢情愿的好意。

总之，好的团队讨论，最好分成两个不同阶段。第一个阶段，主要目的是集思广益，强调的是让团队成员能够以开放的心态分享和探讨各种可能性。第二个阶段，主要目的是从第一阶段探讨出的各种不同方案中，筛选出最好的解决方案，强调的是聚焦和共识，对方案进行严格的衡量。两个阶段非常不同，一定不能混淆。在聚焦筛选解决方案的时候，需要引入成本收益分析。

### 四、用沟通实现团队激励

解决团队激励的问题，可以借鉴《认识商业》一书中的相关部分。这本书的作者是威廉·尼克尔斯、吉姆·麦克修和苏珊·麦克修。

在《认识商业》一书中，作者指出推动企业快速成长的核心在于对内部员工实施高效激励。为此，该书深入探讨了诸如马斯洛需求层次理论、赫兹伯格的双因素理论以及麦格雷戈的 X 理论与 Y 理论等经典的激励框架。简而言之，这些理论精髓可归结为"有形待遇与无形激励"的双重策略。具体而言，有形待遇涵盖了诸如工资、福利待遇、绩效奖金、股权激励等直接经济激励措施，它们构成了员工物质层面的满足基础。

对于初创企业来说，在这些有形待遇方面提供更多资金是很难的，毕竟发展才是第一要务——更何况，即便提供高水平的薪资待遇，也并非必然能激发员工的内在积极性和忠诚度。鉴于此，初创企业应当巧妙地将焦点转向无形激励策略（成熟企业也不可忽视将其作为补充激励），力求以最小的经济成本实现最大化的激励效果。

无形激励，顾名思义是通过构建共同的愿景、促进员工的自我价值实现及满足其精神层面的需求来达成的。这种方式不仅能够增强员工的归属感和使命感，还能有效激发其创造力和工作热情，从而在不增加额外财务负担的情况下，促进团队凝聚力和工作效率的显著提升。

《认识商业》提到了 4 种低成本激励的方法，分别是：分享共同愿景，实施价值激励；给予充分授权，实施信任激励；打通沟通渠道，实施融合激励；及时赞美奖赏，实施荣誉激励。本书主要介绍第三种方法——打通沟通渠道，实施融合激励。

融合激励策略的核心在于消除组织内部的沟通壁垒，营造一个开放包容的环境，鼓励员工畅所欲言，充分释放其创造力与执行力。在这一氛围中，员工能够接触到多元化的信息，深切感受到自己是公司不可或缺的一分子，从而激发工作热情和生产力。同时，管理者通过积极倾听员工的意见与建议，不仅将加深对团队动态的理解，还将确保公司决策过程更加民主、科学，更将规避因个人偏见或主观臆断而可能引发的决策失误。对于初创企业来说,可以采用一个房间集体办公、摆设大餐桌让组织成员一起就餐、举办集体远足活动等方式,促进管理者与员工间的深度融合。

下面,结合前面所讲的信息共享这个角度,介绍一种被称为"世界咖啡馆"的方法。

一位分公司领导需要组织一场会聚各地同仁与总公司领导的盛会。由于本地业务尚处初创期,在集团规划中只占相对较小的一角,所以此次总公司领导的亲自到访显得尤为珍贵。鉴于简单的演讲已难以满足互动与深入了解的需求,分公司创新性地组织了一场别开生面的"世界咖啡馆"式团队交流活动。

活动前夕,分公司全体参会者齐聚酒店宴会厅,这里被精心布置成数十个小型讨论区,每张圆桌均配备了一名固定的主持人,而主持人不仅担任着茶水服务的角色,更是意见与建议的收集者与整理者。与之相反,参与者则采取流动的方式,每半小时换一桌,以此促进跨部门、跨层级的广泛交流。

讨论的话题紧扣分公司发展的核心痛点与挑战,以及对总部策略支持的期望,这些议题均基于前期的广泛征集与精心筛选,确保了讨论内容的针对性与实效性。每一桌的主持人手中都掌握着若干关键议题,引导着圆桌上的热烈讨论,从问题的剖析到解决方案的探索,再到需要提交给总部领导的关键议题筛选,整个流程紧凑而高效。

一天的深入交流后,分公司负责人惊喜地发现,许多看似棘手的问题其实蕴含着内部解决的潜力。即便对于那些尚待解答的难题,团队也已明确了寻求协助的具体部门与人员。最终,五六个精练后的问题被精心准备,作为第二天领导人演讲中的核心内容,不仅展现了分公司的务实与前瞻,也为后续的决策与支持奠定了坚实的基础。

经过深入探究发现,"世界咖啡馆"这种沟通模式不仅适用于大型集会,即便是在十几、二十人的小型团队交流中,同样能展现出很好的效果。事实上,其精髓在于巧妙地规避了传统座谈会常见的两大痛点:一是有效防止了"大会议讨论小事"的资源浪费现象,确保了会议议题的聚焦与高效;二是显著增强了讨论的针对性与问题导向性,促使每位参会者都能围绕核心议题深入交流,贡献智慧。

## 五、对于团队沟通的两个新认知

巧合的是,在探讨组织内部沟通与激励之间错综复杂的关系时,马库斯·白金汉与阿什利·古道尔联手撰写的《高绩效团队应该这样带》一书也为我们揭示了诸多团队运行的深层规律,颠覆了众多被视为职场圭臬的传统管理方法。这些传统的管理方法,在实际操作中非但未能激发员工的独特个性和积极性,反而成为阻碍企业效能提升与人才长远发展的绊脚石。

《高绩效团队应该这样带》一书概括揭示了九大常见的管理误区。这些误区共同的症结在于它们往往基于对管理实践的过度简化和抽象理解,过分追求效率与秩序,却忽视了每位员工作为独立个体的独特性和需求。对于追求高效人才管理的领导者而言，首先要摒弃那些陈词滥调，跳出误区，探索并理解员工内心的真实诉求与所需支持。

我们选取了两个与内部沟通高度相关、极具代表性的误区进行深入剖析：一是，为何企业以巨大努力构建企业文化，却仍难以留住优秀人才？二是，为何精心制定的工作计划往往难以达成预期目标？这两个问题驱使着我们重新审视并优化管理策略，以确保在沟通与激励的双重驱动下，实现团队效能的最大化。

**1. 关注沟通本身，对企业文化祛魅**

我们先探讨第一个问题：为何即便倾注大量心血构建企业文化，却仍难以留住人才？

历史学家尤瓦尔·赫拉利在其著作《人类简史》中指出，人类之所以独树一帜，在于我们能够共同构建一个超越个体主观与客观现实的集体信仰体系；这种能力让诸如货币流通、企业文化等社会现象成为可能。从领导者的视角出发，精心打造企业文化无疑是值得的，因为它不仅能够增强员工的职业认同感，还能为企业未来的发展指明方向，激励员工朝着共同的目标努力。

然而值得注意的是这种认知还是停留在了领导者的视角，我们需要进行一个视角的转换。白金汉等学者所关注的是对于企业文化的投入是否真正能够如领导者所愿，激发员工的内在动力，使他们更加投入工作？

白金汉参与了2018年一项涉及19个国家的世界劳动人口研究。其中有一项研究内容正是尽可能多地采访员工，并考察员工真正在意什么，什么因素能使员工全心投入工作。只有摸清了"石头"，企业才能更多地提供留住人才的工作条件，这些因素包括行业、公司、企业文化、职位、受教育程度和性别等。

研究数据揭示了一个引人注目的现象：尽管多重因素交织影响着员工的工作投入度，但决定性的影响并非来自高高在上的集体文化，而是来自员工是否深切感受到自己作为团队一员的归属感。那些明确表达自己是团队一分子的员工，其工作投入度竟是非团队成员的3.3倍之多。

通过这一研究，白金汉还有一个特别重要的发现：他观察到同一企业内部不同团队间的工作体验差异，往往远超不同企业间的差异。这直接导致同一个公司内部的不同团队，对公司未来发展的信心是完全不同的。

这些研究发现，企业文化不一定是提升员工工作体验与投入度的核心驱动力。以思科公司为例，当团队业绩出现下滑时，团队成员选择离职的比例激增了45%。这一数据说明，员工更多是基于对团队的认同与满意度而非公司整体文化来做出去留决定的。

因此，我们可以得出一个清晰的结论：相较于宽泛的企业文化，员工更加珍视并受到团队体验的直接影响。一个积极向上、协作默契的团队环境，才是吸引并留住人才的关键所在。这一发现不仅挑战了传统的管理理念，也为企业管理层提供了新的视角，即应更加注重团队文化的塑造与团队体验的优化，以此作为提升员工忠诚度与工作绩效的基石。

或许在日常团队沟通合作的过程中你也有过这样的感受：团队使日常工作变得简单，帮助我们了解应该注意什么，应该做什么，而企业文化并不会在多大程度上促进日常工作。辩证地看，企业文化更有助于吸引特定类型的人才加入公司——换句话说，是我们如何与身边的同事交流、是团队的合作或互动方式——这些真实的细节，影响了我们的工作投入度。

通过剥离与分析，我们可以发现企业文化与团队体验在核心理念上的显著差异。企业文化倾向追求一种集体的一致性，而团队体验则截然相反，它倡导的是个性化与多样性的融合。在团队中，并不强求成员步调一致，而是鼓励每位成员释放自我特性，共同为团队的核心价值贡献力量。正是这样一个让每个人都能感受到被重视、被理解的环境，使每位员工在团队中能够找到归属感，进而在工作中充分展现个人风采，实现价值的最大化。相比之下，企业文化虽然重要，但其抽象性和宏观性往往难以直接触及到每位员工的内心体验，难以达到团队体验所能带来的深刻影响。

当乡村CEO准备提升团队成员的工作体验并构建一个高效能团队时，可参考以下三大策略。

首先，是营造归属感。作为领导者，必须确保每位成员都深感自己是这个集体不可或缺的一部分，让他们认识到共同从事的工作既重要又充满意义。这样的氛围能够激发团队成员的责任心和使命感。

其次，个性化关怀与激励同样关键。领导者需要密切关注每位成员的成长与动态，了解他们的能力与兴趣所在，进而量身定制具有挑战性的工作任务，并清晰地传达你对他们的期望。这样的个性化管理不仅能激发员工的潜能，还能增强他们的自信心和成就感。

最后，发现并放大每位成员的独特优势。通过细致观察，识别每位成员的长处，并创造机会让他们在工作中频繁展现这些优势。当成员感受到自己的价值被认可且能够持续发光发热时，整个团队的凝聚力和绩效都将显著提升。

若团队领导者能够践行上述三点，将赢得成员的深切信赖与忠诚，从而构建起一个高绩效的团队。

而对于正在求职者，在评估一家公司时，不必过分聚焦于其企业文化是否光鲜亮丽，而应深入探究该公司如何塑造和维系优秀的团队文化。你将要加入的团队，其氛围、成员构成及团队领导者的管理风格，才是决定你未来工作满意度与职业发展的关键因素。因此，选择团队，而非仅仅选择公司，才是更为明智的决策。

**2. 团队沟通与计划制定的智慧**

我们现在再来讨论讨论第二个问题：为何精心制定的工作计划往往难以达成预期目标？怎样才能用好人？

我们先看一个战场上的故事。一位美国陆军四星上将，曾在伊拉克战场上领导联合特种作战司令部。初抵伊拉克时，其与团队精心策划了一场看似胜券在握的作战蓝图，鉴于美军在人力、装备及纪律上的绝对优势，他们预期战斗将迅速结束。

然而，战场的残酷现实却给这位经验丰富的将军上了一课。美军非但未能在交锋中占据上风，反而频陷被动。经过一番深刻反思，该将军意识到，问题的根源并非在于实力的悬殊，而是战场环境的极端复杂性与传统指挥模式的冲突。特种部队沿用的自上而下、高度结构化的指挥体系，在伊拉克瞬息万变的战局前显得捉襟见肘，难以应对层出不穷的不确定性。相反，他们的对手虽无明确层级与固定计划，却凭借极高的灵活性与自发性，实现了无指挥链的高效突袭，展现了惊人的适应力。

这一对比同样为乡村企业的工作计划制定敲响了警钟。当今不确定性已成为常态，传统的自上而下、基于过往经验预测未来的规划方式越发显得力不从心。真实世界的解决方案往往藏匿于瞬息万变的现实之中，而大多数计划却如同空中楼阁，难以精准对接实际需求，此外，组织内部的信息壁垒，尤其是高层与一线执行者之间的信息不对称，进一步加剧了计划的脱节与滞后，使一线员工在执行中感到束手束脚，难以发挥主观能动性。

在探讨如何高效带领团队完成项目时，除了精心制定工作计划这一基础步骤外，白金汉为我们揭示了另一个至关重要的策略——构建情报系统，确保一线员工能够及时获取关键信息。这一创新方法根植于一个深刻的信念：人类具备智慧与判断力，当被赋予精确、实时且值得信赖的现场情报时，他们能够自主、灵活地做出最有利于项目进展的方向选择。

回顾往昔，工业时代的管理目标聚焦于效率至上，工人多扮演执行者的角色，遵循既定计划行事。然而，当下的管理核心任务已悄然转变——如何培育团队的快速适应与高效协同能力，成为制胜关键。

在此背景下，成功的领导者角色亦随之进化，从主导决策与解决问题的"舵手"转变为赋能团队、指导成长的"教练"与"支持者"。他们致力于搭建一个促进信息共享与智慧碰撞的平台，让每位团队成员都能成为项目推进的主动力。

具体实施路径中有以下3点基本要求。

首先，要敏锐捕捉并整合团队成员认为至关重要的信息，特别是那些能够深刻影响决策准确性的精准数据。在信息泛滥的今天，筛选并验证信息的真实性，成为一项兼具挑战和价值的任务。团队领导者需引导成员不仅学会寻找信息，更要擅长辨别真伪,确保决策基础的坚实可靠。

其次,为了构建一个全面且高效的情报系统,领导者应致力于信息的广泛传播与流通。这意味着要充分利用各种渠道,无论是工作会议、工作汇报还是日常的工作交流群,都应成为信息传递的桥梁。与计划系统不同,情报系统追求的是信息的即时性与普及性,力求以最快的速度将有价值的信息送达每一位团队成员手中———言蔽之,旧式的计划系统只会向"有需求的人"开放信息,而情报系统则是尽量以最快的速度最大限度地向所有人开放。只要对方觉得信息能帮助他们更好地理解当下状况,那就把信息分享出去。

最后,除了与团队成员同步自己的视野,千万别忘了也要大量收集一线的反馈信息。这就需要领导者与团队成员做频繁的沟通。

为了促进这种高效的沟通模式,白金汉在书中建议了一个简单而有效的方法:领导者在与每位团队成员进行简短交流时,可以围绕两个核心问题展开——一是询问他们本周的工作重点;二是表达愿意提供帮助的意愿。这两个问题,足够讨论出每位成员的工作重点、遇到的困难,以及在工作进行中可以实现的解决方案。

那沟通的频率间隔多久比较合适呢?白金汉建议,每周一次,交流10~15分钟,而不是我们大多数人认为的每月一次。这是因为数据显示,每周交流一次的领导者会让团队成员投入度提升13%,而每月交流一次则会让投入度下降5%。从每次沟通的目标上看,如果不能深入到具体的工作细节,只是做简短的概要讨论,在一些员工看来,可能会更耽误工作时间。

因此,结论是频率胜过质量。优秀领导者明白,每周保持规律沟通的价值,比追求每次对话的完美更重要。在情报方面,频率是最重要的。与团队成员的沟通或团队会议越频繁、可预见性也就越高,团队绩效和投入度的提升就会越大。

总之,关于团队沟通与激励,有两点建议值得铭记:首先,员工往往更看重在团队中获得的真实体验,而非单纯的企业文化口号;其次,在制定详尽的工作计划之余,为员工提供及时、全面的情报支持,对于激发团队潜能、推动项目成功具有不可估量的价值。

扫描二维码答题

# 任务二　与管理层相关的沟通

在职场环境中，尽管倾听、同理心及换位思考的价值被广泛认知，沟通障碍却难以根除。《经理人》月刊网站的一篇文章指出，大多数人在与拥有不同工作背景的人交流时，显得力不从心。作者强调，真正的同理心与换位思考要求我们深切体会对方的立场与处境，但在实践中，这种跨领域的理解却常常受阻。

针对内部沟通不畅的顽疾，文章归纳了两个核心原因：一是组织结构的层级壁垒，高层管理者倾向于从宏观战略和经营视角出发，而基层员工则更聚焦于具体执行细节，这种思维模式的差异导致了信息传递与理解的偏差；二是专业领域的隔阂，业务部门（如营销、客服）往往基于自身职能提出直接、具体的需求，而研发部门则倾向于寻求全局性、系统性的解决方案，这种需求表达与接收方式的不同，进一步加剧了沟通障碍。

以工程师与业务经理的需求沟通为例，面对销售难题时，双方关注点截然不同：业务经理聚焦于管理制度的完善，而工程师则倾向于技术层面的解决策略。长此以往，会使团队在复杂多变的问题面前的沟通效率大打折扣。

如何在这一困境中破局？通常，这个问题涉及微观人际沟通和宏观战略目标制定两个层面的工作等待我们完善。

## 一、微观人际沟通的基本策略

在前面的"沟通铁三角"框架中，我们强调了开放性、目标感与建设性的三大沟通原则。为了进一步完善这一体系，可以增添两个要求作为支撑。

第一，要求强化软技能的培养。这涵盖了多项关键能力，如倾听的艺术——全神贯注地理解对方的话语与弦外之音；提问的技巧——通过恰当的问题引导对话深入，揭示更多信息；情感的共鸣——努力思考并体会对方的情绪与感受，展现出真诚的关怀与尊重。同时，避免轻易批评，转而采用建设性的反馈方式，共同探索问题的解决方案。

第二，要求丰富个人经验与拓宽视野。有句话是："共享的经验是理解与共鸣的桥梁"。这意味着，通过积累与对话对象相似的经历或知识，我们能够更自然地步入对方的思维世界，增强同理心与包容性。为此，企业应鼓励员工深入了解公司的整体战略、运营模式，这不仅有助于消除组织层级间的隔阂，还能促进跨部门间的深度合作。

现在，介绍两种重要且实用的工具，进一步加深大家对于微观层面人际沟通的认识。

1. 工具一：借助共情优化倾听，强化信息汲取能力

倾听，这一在沟通中常被边缘化的技艺，实则是暴露盲区、减少误解的关键钥匙。正如毕淑敏老师所言，倾听应是一种"全情投入"的姿态。

而现代科学为我们揭示了倾听背后更为深邃的奥秘——催产素的作用。这种普遍存在于男女体内的激素，不仅赋予母婴之间独特的情感纽带，也能在人与人之间的亲密互动，如拥抱、抚摸中释放，带来安心与平静。尤为引人注目的是当个体感受到被深深共情时，大脑同样会分泌催产素，营造出一种无形的信任与亲近氛围——对于沟通者而言，这无疑是重大利好。

而倾听的妙处，就是在用倾听的技巧，让对方感受到自己被共情了，来帮助对方分泌催产素。这个时候，你们之间的沟通就是更充分的，不仅有信息的交换，也有情绪的共振，你们之间的盲区才有可能被缩小，共识区才会扩大。

具体怎么做呢？很多人往往会忽略，自己表现出来的姿态，会影响他人的感受——请注意，真的就是字面意义上的"姿态"。

举这样一个例子，当真正会沟通的人与人交谈或进餐时，总有一个细微却意义非凡的举动：他会预先告知对方"请稍候，我先将手机调至静音模式。"这一简单的话语，蕴含了深层的心理智慧，无声地传达了"此刻，全世界于我而言皆退居其次，唯你独尊，我渴望全心聆听你的每一句话。"

诚然，在快节奏的现代生活中，我们或许会因工作的繁忙而难以时刻效仿。然而，这并不妨碍我们灵活借鉴这一精髓：在关键的会议场合，主动关闭手机；当孩子满怀期待地与你交流时，暂时放下手中的电子设备，用眼神给予他们最温暖的回应。

倾听，作为促进共情、细腻管理他人情感的桥梁，其力量不容小觑。以下是两种核心策略，助你通过倾听展现高级别的尊重与关怀。

第一种方法，以行动彰显尊重。正如之前所述，通过言语或肢体语言明确传达给对方："你的话语对我来说至关重要，我愿意且能够全心全意地倾听。"这不仅限于将手机静音，还可以是调整坐姿，面向对方，保持眼神接触，或是偶尔点头以示赞同，甚至是在对方讲述时轻轻重复关键词句，以展现你的全神贯注与深刻理解。这些细微之处，都是对对方最真挚的尊重与重视。

"请稍等，我把会议室的门关一下"。

"请稍等，我到您办公室来当面听您讲"。

"请稍等，这点太重要了，我能拿笔记一下吗？"

第二种方法，是肢体语言同步。当我们沉浸在倾听的过程中，对方往往会密切关注我们的反应，他们不仅倾听言辞，更在细致捕捉我们的肢体语言所传递的微妙信息。通过巧妙地与对方的肢体语言保持同步，我们可以在无形中触发对方的共情体验，这

背后依托的是镜像神经元的神奇作用——这一大脑机制让我们在观察他人行为时,能够不自觉地模仿,从而在情感上产生共鸣。

简单来说,就是细致观察并模仿对方的身体语言:当对方双手环抱胸前时,你不妨也微微调整姿势,以相似的姿态展现;对方轻托下巴沉思时,你也可适时效仿,这样的同步动作能在潜意识层面让对方感受到被理解与共鸣。反之,若对方满怀热忱地前倾身体与你交流,而你却冷漠地后仰并抱胸以对,这样的反差无疑会传递出拒绝与疏离的信号,即便你内心并无此意。这种同步不局限于肢体动作,还应延伸至语音语调上。随着对方语速的快慢变化,适时调整自己的说话节奏,寻找与对方相契合的沟通频率。总而言之,当你与对方在多方面展现出相似性时,便能更有效地建立共情连接,使对方感受到被深刻理解和接纳。

2. 工具二:打追光,提供情绪价值

我们来看第二个沟通工具:"打追光"策略。此策略的核心精髓,并非在于展现自我之辉煌,赢得对方对自身的赞叹,而是巧妙地将聚光灯投向对方,让对方在交流中感受到前所未有的自我价值与被重视的喜悦。

沟通艺术中的精髓,在于巧妙地运用"打追光"技巧。可以想象我们手持一盏明灯,在对话的舞台上为对方投射出耀眼的光芒,让对方深切感受到被重视与照亮的温暖。在这个过程中,我们化身为剧院中那位技艺高超的灯光师,用心调整光线,聚焦于对方,而非自我炫耀。

那么,如何在沟通中精准地"打追光"呢?关键在于为对方创造出自我展现的舞台,让其成为对话的主角。实践起来并不复杂,秘诀在于我们自身的少言与多听,以及适时地请教。通过耐心倾听,我们能在细微之处捕捉到对方的优势与亮点;随后,围绕这些优势精心设计问题,引导对方深入分享,进一步展现其独特魅力。

## 二、通过沟通合理地制定战略目标

如何通过沟通合理地制定战略目标?我们可以参考《超越曲棍球杆的战略》一书,这本书的三位作者通过深入研究,不仅剖析了曲棍球杆现象(或称曲棍球棒效应)在供应链管理中的表现,还将这种规律巧妙延伸至企业战略目标层面,揭示了企业在发展初期大量投入与后期爆发式增长之间的内在逻辑。这一现象启示我们:战略不仅是方向的指引,更是对资源分配与长期增长潜力的深思熟虑。

曲棍球杆现象,又称曲棍球棒效应(Hockey-stick Effect),原指在供应链管理中的需求波动现象,即在一个固定的周期内(如月、季或年),前期销量很低,而到期末销量会有一个突发性的增长,其需求曲线的形状类似于曲棍球棒。

本书的创新之处在于作者将这种规律巧妙延伸至企业战略目标层面,意味着企业战略发展在初期可能需要较大的投入（即曲棍球杆的下降段），但随着时间的推移和资源的积累，将迎来显著的增长和产出（即曲棍球杆的上扬段）。这一现象的核心指导意义在于，战略目标是方向性的选择，决定了一个组织或个人将要做什么。在曲棍球杆战略的视角下，战略需要明确资源投入的方向和目标，以确保长期的增长和发展。

书中强调的"超越曲棍球杆"理念，并非全盘否定曲棍球杆式战略的有效性，而是指出尽管多数项目承诺的美好前景常显空洞，但不可否认正是那些标志性的曲棍球杆项目，驱动了企业的飞跃式增长，塑造了无数商业传奇——微软 CEO 萨提亚·纳德拉的崛起便是明证。他凭借对云服务项目的远见卓识与坚定投入，不仅实现了个人职业生涯的飞跃，更引领微软迈入了新的发展阶段。所以问题不是没有曲棍球杆，而在于你能不能识别真正的曲棍球杆，然后能不能给足资源。

然而，识别并成功实施曲棍球杆项目并非易事。企业在追求成长的过程中，往往面临两大人性障碍：一是畏惧大动作带来的不确定性，倾向于选择安全稳妥的路径；二是分散投资、多点开花的保守策略，难以聚焦于关键领域。这两种倾向共同作用，使得企业在面对重大战略机遇时，往往因资源分散或缺乏决断力而错失良机。

这里就涉及个人向精英跃进、企业向伟大跃迁过程中，决策人必须克服的两个人性障碍：一个障碍是人们总觉得做大动作是比较危险的，安全的做法是"无为而治"；另一个障碍是集中在一个方向做事是比较冒险的，最好在各个方向上和稀泥。合在一起，就是普通人做事，总想在时间和空间上都更平稳、更周全一些。正确的策略是：在识别到真正具有潜力的曲棍球杆项目后，必须克服人性的保守与分散，集中资源，全力以赴。这要求企业决策者在面对短期压力与长期愿景之间做出艰难抉择，展现出非凡的洞察力与决断力。

那要怎么做，才能制定和执行好的战略目标呢？在《超越曲棍球杆的战略》一书中，三位作者对把握"曲棍球杆"提出了 8 个方向转变的建议。

第一，从终点思维转向旅途思维。

在传统的企业战略规划中，我们往往陷入"终点思维"的误区，将战略视为一次性完成的蓝图。然而，在当今瞬息万变的商业环境中，这种静态思维已显得格格不入。我们需转向"旅途思维"，即将战略视为一场持续探索与调整的旅程。战略制定不再是一劳永逸的任务，而是应随着外部环境的变化不断迭代与优化。为此，建立月度管理会议机制，围绕公司核心战略议题进行深入讨论，确保战略方向始终与市场脉搏同频共振。

第二，从论述题转向选择题。

很多企业的业务部门把战略讨论理解成说服决策层批准自己的战略目标。战略目标被批准了，目的就达到了。这就像部门领导给自己出了一道论述题，战略讨论是把这道论述题回答给决策层看。可问题是这道论述题的前提和结论本身可能就是错的，这样的思维可能回避了真正的问题。

因此，要把战略讨论从论述题转变为选择题。选择题是通过争论，考虑各种新的选项。在考虑了各种可能选项之后，才能确定最佳的选项，之后再开始做论述题。有些战略决策一旦做出就很难回头，一定要特别慎重。

第三，从全面开花转向单点突破。

在资源有限的情况下，全面开花式的业务发展策略往往难以取得显著成效。成功的企业往往聚焦于一两个核心业务领域，实现单点突破。因此，我们应重新审视资源配置，识别并集中资源于最具潜力的业务点上。这需要管理者具备敏锐的洞察力与果敢的决策力，勇于打破常规，敢于重新分配资源以支持关键业务的发展。在决策过程中，还可以通过无记名投票或评分机制等方式，促进决策过程中的客观性与公正性。

第四，从争取预算变为做出大动作。

传统的战略规划过程往往演变为各部门间争夺预算的竞技场。然而，这种短视行为忽略了战略的本质——引领企业走向未来。因此，我们应将战略讨论的重心从预算分配转移到战略行动上，聚焦于如何通过重大战略举措来推动企业的长远发展。这要求我们对现有业务进行深刻剖析，识别出驱动盈利的关键因素，并据此制定切实可行的战略行动方案。通过实施这些方案，我们有望实现业绩的显著提升与企业的持续成长。

第五，从静态资源占有迈向动态资源调配。

静态资源占有的弊端在于其僵化，主要体现在两个方面：一是全年预算的一次性分配，缺乏灵活性，导致资源错配；二是忽视效率提升作为资源创造的关键。为改善这一状况，建议采取"80/20"原则分配预算，即大部分预算用于既定项目，余下部分作为灵活资金，根据实际需求及时调整。同时，应充分认识到效率提升即资源创造，鼓励各部门提升工作效率并将释放出的时间与资源投向高潜力项目。

第六，从自担风险变为共担风险。

很多公司采取了各业务部门自担经营风险的制度，各部门制定战略时，通常会设定一个最近一两年有把握达到的目标，留下一个能完成业绩的缓冲空间。如果整个公司的战略是这样加总起来的，你就会发现公司不会去做一些应该做但是有风险的战略动作。比如，一些看起来激进的并购。为了解决这个问题，应该从被动回避风险变为主动迎战风险。

公司要改变各自为政的局面，建立统一的风险控制和投资管理机制。为了实现这个目的，需要把这个复杂问题分解为3个有内在联系的简单问题：一是有哪些业务可以改进，释放出资源？二是有哪些领域有增长机会，需要投入资源？三是怎样平衡风险和收益，形成一个整体性的风险管控规划？

把增长机会和风险责任分开考虑可以激发部门领导们的创造力和积极性。共同研究风险和承担风险，公司就有机会提出和讨论一些对执行者个人有风险的方案。

第七，从成败论英雄转向综合评价贡献。

单一的经营结果评价往往忽略了过程中的努力与贡献。因此，应建立综合评价体系，既考虑经营成果，也分析背后的原因与动机。区分"好的亏损"与"坏的盈利"，识别任务难度与业务目的的差异。对于高风险高收益的项目，应辩证看待其成功与失败的价值，避免片面追求短期利益而忽视长远规划。

第八，从规划远征变为迈出第一小步。

宏伟的战略规划需要脚踏实地地执行来支撑。在确定重大战略方向后，应立即着手制定具体行动计划，将长远目标分解为可操作的短期任务，并设定明确的里程碑。通过小步快跑的方式，不断验证与调整战略路径，确保每一步都扎实有效。例如，在推进无纸化办公的过程中，先从控制纸张使用量的小目标开始，逐步向最终目标迈进。这种务实的态度与行动，是战略成功落地的关键。

### 课后练习

扫描二维码答题

## 任务三  与股东相关的沟通

### 一、亚马逊的三板斧

每家企业在其发展历程中都会逐渐塑造出独特的沟通模式,这是企业的重要组成部分。高效的内部沟通能够促进团队协作与理念传承,而精准的外部沟通则能确保企业的愿景、战略被投资者、媒体及公众清晰理解并认同。

36氪曾深度剖析了互联网巨头亚马逊的沟通艺术。与众多企业不同,亚马逊几乎可以说是对文字运用最为精巧的公司之一。其沟通的三大核心工具——备忘录、格言与股东信,成为连接内部员工与外部世界的桥梁。

#### 1. 工具一:备忘录

早在2004年,亚马逊集团创始人杰夫·贝索斯便通过一封邮件明确了这一原则:会议中禁止使用PPT进行演示,所有想法均需转化为书面备忘录形式呈现。贝索斯强调,撰写一份精练至四页的备忘录远比制作二十页的PPT更具挑战性,因为这一过程迫使思考者深入剖析问题的本质,精准提炼核心观点,并清晰展现各要素之间的逻辑关系。相比之下,PPT有时会因形式上的华丽而掩盖了思想的深度,导致关键信息被淡化或忽略。

备忘录的结构分为四个核心维度。

首先,明确要讨论的观点或目标是基础,它为我们整个论述指明了方向,确保内容紧凑且聚焦。

其次,回顾团队以往处理此类问题的方式。这不仅是对历史的尊重,更是为了从过去的实践中汲取智慧,识别哪些策略有效,哪些需要改进。通过对比与分析,我们能够站在前人的肩膀上,看得更远,想得更深。

再次,演讲者需阐述其独特的打算或解决方案。这里强调的是创新性和差异性,即演讲者如何以新颖的视角审视问题,并提出不同于以往的解决方案。这种独特性不仅展现了演讲者的思考深度,也为团队带来了新的灵感和可能性。

最后,探讨亚马逊为何应重视这份提议,特别是它给公司带来的具体好处。

亚马逊的这一做法,不仅颠覆了传统会议中PPT泛滥的常态,还在无形中强化了员工的逻辑思维与表达能力,促使发言者提交一个深思熟虑的想法,提升了沟通的效率与质量,更可以避免会议中个别人主导整个会议的现象出现。

对于亚马逊这样的庞然大物,采用这种高效的沟通方式不仅是其日常运营的润滑剂,更是推动其持续创新与飞速发展的坚固基石。它确保了信息的无缝流通,促进了团队间的紧密协作，让每一个创新火花都能迅速点燃并蔓延至整个企业，从而不断驱动着亚马逊向前跃进，保持其在行业中的领先地位。

### 2. 工具二：格言

对内沟通的另一重要目标是确保公司愿景与核心价值能够深植于每一位员工的心中。想象一下，当亚马逊这艘商业巨轮驶入2024年第二季度的海域时，其船员总数已浩浩荡荡地达到了惊人的1 532 000人，这相当于一个中等规模国家的总人口。在这样的规模下，如何确保每一个声音都能被准确地听见，成为亚马逊管理层面临的重大挑战。

为了跨越这一沟通鸿沟，亚马逊巧妙运用了"格言"这一强大的工具。正如贝索斯所展现的卓越领导力，他擅长将复杂的企业哲学和战略愿景凝练成简洁有力、朗朗上口的短句，使之成为全体员工的行动指南和精神灯塔。这些格言，如"客户至上""每一天都是第一天""高速决策"，不仅易于记忆，更深刻地反映了亚马逊的核心价值观和工作态度。

### 3. 工具三：致股东信

在构建企业沟通体系的双轨道上，亚马逊对内与对外的独特沟通方式闪耀着各自独特的光芒。对内，备忘录犹如精密的齿轮，显著提升了讨论的效率与质量，确保每一个议题都能得到深入而周到的探讨；而格言，则如同企业灵魂的灯塔，以其精练而深刻的表达方式，将企业文化的精髓传递给每一位员工，让团队在共同的价值观下紧密凝聚。

转向对外沟通，当贝索斯及其高管团队选择减少公开露面与采访时，一年一度的致股东信便成为亚马逊与外界沟通的重要桥梁。贝索斯亲笔撰写的这封信，已逐渐演化成为与巴菲特致股东信并肩的必读经典，吸引着全球投资者的目光。

贝索斯的股东信之所以备受瞩目，其独特之处在于那份难能可贵的坦诚与直率。他从不回避外界的质疑与挑战，而是选择直面问题，以开放的心态分享自己的思考与决策过程。这种坦率的沟通方式，虽然可能让部分追求短期利益的投资者望而却步，但却如同磁铁一般，吸引了那些真正认同并信赖亚马逊长远发展战略的投资者。

在第一封股东信中，贝索斯便旗帜鲜明地宣告了亚马逊的立场：我们不为短期的利润所动，更不盲目追随华尔街的风向标，我们的目光始终聚焦于构建长期的竞争力。他勇于揭露失败，敢于承认不足，并承诺无论前路多么坎坷，都将坚定不移地探索新业务，持续试验，直至成功。这种敢于担当、勇于探索的精神，不仅展现了贝索斯个人的领导魅力，更深刻地传达了亚马逊作为一家企业的核心价值观。

更为重要的是，贝索斯在信中不仅讲述了自己是如何思考的、如何行动的，还毫不掩饰地分享了自己的失败与教训。这种深度剖析自我、勇于自我反思的态度，不仅让投资者看到了一个真实、可信的亚马逊，更在某种程度上对投资者进行了反向筛选，留下了那些真正理解并支持亚马逊发展理念的伙伴。

总之,亚马逊的沟通策略可归纳为三个方面:其一,利用备忘录优化内部讨论,提升效率与质量;其二,借助格言凝聚共识,深化企业文化渗透,确保全员目标一致;其三,通过股东信直接而坦诚地阐述公司战略,实施投资者反向筛选,强化向上沟通与期望管理。这些策略不仅体现了亚马逊在内部沟通上的高效与深度,也展现了其对外沟通的独特魅力,尤其是与股东关系的构建与维护。

## 二、麦肯锡:如何通过汇报来说服他人

我们再来看另一个全球知名公司:麦肯锡。麦肯锡是全球著名管理咨询公司,擅长针对客户的商业问题提出解决方案。企业来找咨询公司通常是遇到了解决不了的问题,但麦肯锡的顾问几个月内就能弄清眉目,拿出可行方案。不了解麦肯锡的人可能会以为这些顾问经验资深,商业视角要比遇到问题的客户更为独特——可实际上,很多顾问非常年轻,一毕业就加入麦肯锡,并在这里迅速培育出解决问题的一系列能力。

作为全球顶尖的管理咨询巨头,麦肯锡快速解决复杂商业问题和人才快速赋能的成就令人瞩目。这背后,离不开麦肯锡两大核心法宝的赋能——《金字塔原理》与《麦肯锡意识》。

《金字塔原理》作为麦肯锡出品的结构思维训练手册,为麦肯锡的咨询顾问提供了清晰、高效的思考框架;而《麦肯锡意识》则深入探讨了公司解决问题的独特方法论,其核心理论模型涵盖了客户需求、分析、汇报、管理、实施及领导力六大维度。在麦肯锡的殿堂里,分析、汇报与管理被并称为解决问题的黄金三角,构成了麦肯锡员工日常工作的核心内容。该书用八章内容深入剖析了这一核心区域的运作机制与实践技巧,揭示了麦肯锡顾问如何迅速成长为行业精英的秘密。

本任务主要介绍汇报部分的相关内容。

汇报作为成果展示的关键环节,其重要性不言而喻。它不仅是对前期辛勤工作的总结,更是观点碰撞与共识达成的舞台。在麦肯锡,汇报被视为一场精心策划的演出,其目的在于让观点熠熠生辉,触动人心。精彩的汇报如同魔法,能化腐朽为神奇,拯救那些看似平凡无奇的想法;而糟糕的汇报,即便是再出色的创意,也难以摆脱被埋没的命运。因此,掌握汇报的艺术,对于每一位职场人士而言,都是一项不可或缺的技能。

麦肯锡在汇报领域所积累的深厚底蕴,可归结为两大关键词——"结构"与"认可"。结构是汇报的骨架,它支撑着整个汇报的逻辑与脉络;而认可,则是汇报成功的试金石,它衡量着汇报内容能否触动关键决策者的心弦。

回想那些令人印象深刻的汇报,无一不结构严谨、条理清晰;反观那些失败的汇

报，往往因结构松散、逻辑混乱而令人昏昏欲睡。麦肯锡强调，汇报的结构应如同金字塔般稳固，先总后分，层层递进。从结论出发，逐步展开论证，让听众在第一时间抓住重点，随后再随着你的引导，一步步深入问题的核心。

如何构建这样的汇报结构？答案就藏在你想要证明的结论之中。在麦肯锡的咨询流程中，开门见山是解决问题的起点，也是汇报的提纲。将结论中的每个支撑要点转化为汇报的一个部分，便能构成清晰明确、令人信服的汇报框架。

为了确保汇报的精炼与高效，《麦肯锡意识》中还提出了两个实用的建议。首先，进行时间长短测试，即在正式汇报前，尝试用两分钟的时间向同事概述你的汇报内容；这不仅能帮助你提炼核心观点，还能让你在实战中更加自信从容。其次，简约至上。无论是图表、模型还是其他视觉辅助材料，都应遵循简单明了的原则。一张图只表达一个意思，让图表成为传递信息的工具，而非炫耀技巧的载体。

勾勒出汇报的基本轮廓后，我们需进一步探讨如何赢得认可。即便是最完美的汇报，若未能触动人心、获得接纳，也终将沦为无人问津的文档之一——正如《财富》500 强企业办公桌上堆积如山的未决汇报，它们静静地诉说着未被听见的故事。

既然得到认可是汇报之旅的终极目标，这就要求我们在汇报者与听众之间搭建一座稳固的信息与信任之桥。若缺乏信任，即便你的观点再为独到，也可能遭受冷遇或质疑；而这种不信任可能源于对方的防御心理、经验偏见，甚至是对你教育背景的无端揣测。

为了跨越这道信任的鸿沟，书中为我们提供了两大策略：事先沟通与量体裁衣。事先沟通，就是在汇报前就让对方了解你的研究结果。量体裁衣是在汇报前根据对方的意见对报告进行调整，必要的时候，还要一边汇报一边调整。我们分别来了解下。

麦肯锡人深知"事先沟通"的重要性，它如同战前的情报收集，为正式汇报铺平道路。它不仅能帮助你提前了解听众的立场与关切，还能在无形中寻找并稳定你的支持者。通过预先的共识构建，你可以有效避免汇报中的意外反对，同时让方案在正式提出前就经过初步检验，增加其获批与执行的可能性。此外，一对一的深入讨论更能激发对方的开放思维，让你在正式汇报前就能收集到宝贵的反馈与建议，从而进行必要的折中。

"未雨绸缪，事先沟通"的策略能引领人们达成前所未有的成就。书中一个生动的案例便是麦肯锡前精英纳拉斯的职业生涯转变。在加入美国第一联合银行担任知识市场部主管后，面对扩大部门规模的艰巨任务，纳拉斯巧妙运用了事先沟通的艺术。他深知，直接向行长申请拨款绝非易事——尤其在此前无人成功的背景下。

纳拉斯借鉴了麦肯锡深厚的访谈技巧，初期便深入银行各个部门，细致聆听并收集各方对部门发展的看法与期望。这一过程不仅让他洞察了各部门的真实需求与潜在障碍，还为他绘制了一幅详尽的"雷区地图"。然而，他并未急于求成，而是进一步与各部门主管深入交流,获取宝贵反馈,从而在汇报前便赢得了广泛的内部支持与认可。

正式汇报时,纳拉斯的严谨性、全面性与说服力相得益彰,完全契合了银行高层的期望。这份精心准备且具有广泛共识的方案,最终成功说服了行长,为他赢得了宝贵的投资资源。纳拉斯的这一成就,正是"未雨绸缪,事先沟通"这一策略本身所具有力量的最佳诠释。

搭建沟通和信任桥梁的另一个途径是量体裁衣。"量体裁衣"强调了在汇报过程中的个性化、灵活性与适应性。它要求汇报者根据听众的即时反馈与需求,对汇报内容进行动态调整。这种即时性不仅体现在汇报过程中的微调,更在于对听众情绪与态度的敏锐捕捉。不同的人都有自己的偏好,有人可能喜欢听大阵仗的汇报,有人可能偏爱更加亲密的讨论;有些人喜欢了解细节,有些人可能只想知道最主要的论点。这些汇报对象的意见、偏好与背景,都需要汇报者提前了解,并最终以定制化的方式呈现内容。

通过细致观察与积极互动,汇报者需要更准确地把握听众的接受度与兴趣点,从而适时调整汇报的侧重点与深度。这种灵活应变的能力,是赢得认可不可或缺的一环。同时还要了解汇报对象的思维方式和使用的行话,因为每个群体的预期不同、目标不同,使用的语言也不同,汇报人需要量体裁衣,来适应不同的群体。

延续刚刚没说完的案例,纳拉斯在第二个工具的使用上同样出色:他不仅在语言上采用银行内部的行话与术语从而拉近与听众的距离,还根据各部门的不同需求与期望,灵活调整汇报的侧重点与风格。这种高度的适应性,无疑为他的汇报增添了更多说服力与亲和力。

对于麦肯锡人而言,汇报不仅是信息的传递,更是说服与影响的过程。通过系统性的准备与坚持不懈的努力,他们总能成功争取到关键决策者的认可与支持。因此,对于任何希望通过汇报实现目标的人来说,借鉴麦肯锡的这些策略与方法,无疑将大大提升成功的概率。

## 课后练习

扫描二维码答题

# 项目四 乡村CEO与企业外部沟通

在2016年的新浪创业训练营上，蓝港互动的董事长、斧子科技的CEO王峰分享了他对于创业的深刻理解。他提到，创业路上最具挑战的部分之一，在于妥善处理好十个复杂的关系，我们从中总结了几个"关系"与大家分享。

……第四，与员工的关系。作为创业者，与员工的连接至关重要。许多创始人常常忙于与合伙人间的互动，却忽略了与员工之间的交流与亲近。事实上，若能在员工面前展现真实的自我，甚至是在困难时期坦然流露情感，如真诚地分享困惑或表达情绪，你会发现这种坦诚能够极大地拉近与员工的距离。员工可能并不总是对公司的高远使命感兴趣，但他们非常在乎是否能与领导产生共鸣，是否能从内心认同公司的价值观。一旦员工成为你的朋友，愿意与你分享私事，并乐于帮助你吸引更多优秀的人才，那么恭喜你，你的公司已经步入了蓬勃发展的快车道。

第五，与媒体的关系。创业过程中，在推广早期就将产品或服务对外透明化，对于团队的凝聚力和未来资源的获取都有着显著的推动作用，所以创业者需要巧妙地处理与媒体的关系，利用媒体平台向公众展示自己的品牌与实力。对王峰而言，尽管站在台上演讲或接受媒体采访并不总能带来个人荣耀感，但他深知这是自己的责任所在。通过媒体的传播，不仅能让更多人了解企业，还能吸引潜在的合作伙伴和投资者，为企业发展铺平道路。

第六，与政府的关系。许多创业者对政府部门持有畏惧、旁观、排斥、期待等杂糅的复杂情绪，其实大可不必。王峰在其创业初期就深刻体会到了政府支持的重要性：早年在北京石景山创业时，王峰就曾得到当地一名副区长相助，不仅在注册流程上给予了极大便利，还在后续发展中提供了诸多支持。事实上，政府不仅仅是管理者，更是可以在企业遇到困难时伸出援手的重要伙伴。创业者应主动与政府建立良好的沟通机制，在遇到困难时积极寻求政府的帮助与指导。这样，我们不仅能更好地应对挑战，还能在政策的引导下实现更加快速的发展。

第七，与对外合作伙伴的关系。创业者若无法妥善处理与对外合作伙伴的关系，未来极可能面临严重挑战乃至灾难性后果。这一点，我们可以从科技界的传奇人物乔布斯身上找到深刻的启示。乔布斯，一个以高傲著称的人物，一手推动构建了一个封闭的苹果生态系统，几乎所有核心技术都掌握在自己手中。然而，正是这位曾经固执己见的领袖，在遭遇人生低谷后重返苹果时，展现出了前所未有的谦逊与合作精神。

在被苹果排挤的那段时间里，乔布斯深刻反思了产业发展的趋势，最终意识到了合作伙伴的价值。他带着几分恳求主动联系昔日的竞争对手比尔·盖茨，甚至希望达成合作。这一转变不仅展现了乔布斯对行业深刻洞察后的成熟与远见，也标志着他对合作伙伴关系的重塑。此外，乔布斯还主动寻求与美国唱片巨头的合作，进一步拓宽了苹果的产品生态；同时，苹果也认识到与内容平台开发者共享收益的重要性，在之后稳定了与内容开发者共同分成的政策。这一举措极大地激发了合作伙伴的积极性，迅速吸引了大量开发者涌入苹果的生态系统，形成了强大的正向循环，最终带来了 iPhone 的大获成功。

维护良好的对外合作伙伴关系，绝非仅依靠简单的社交应酬所能达成。真正的合作，需要双方基于共同的利益和目标，携手并进，共同创造价值。创业者在发展初期，就应注重帮助合作伙伴实现盈利，即便这意味着自己需要暂时牺牲部分利益。这样的策略虽然短期内可能让创业者获得较少的利润，但从长远来看，它能够帮助企业积累更多的用户资源和市场口碑，为未来的可持续发展奠定坚实的基础……

未列出的前三点分别是与投资人、合伙人、技术团队的关系，后三点分别是与竞争对手、家人、自己的关系。我们可以依据内外部的划分方式，大致将他谈到的十点进行内部或外部的划分。涉及内部沟通的部分我们已经进行了一定的讨论，而涉及政府部门、合作伙伴和媒体的组织外部沟通，便是我们接下来将要讨论的重点。

## 项目概述

外部沟通是乡村 CEO 企业与外界建立良好关系、获取资源和支持、推动乡村项目顺利实施的关键环节，在乡村 CEO 企业与地区共生发展中起着至关重要的作用。因此，本项目将围绕乡村 CEO 企业外部沟通展开全面探讨。

在任务一中，我们会通过李卫铳的案例探讨企业家与政府之间的复杂关系，进而阐述乡村 CEO 与政府部门沟通的一系列基本要求。在任务二中，我们将以刘湘毅的故事为引导，分析合作沟通的重要性和复杂性，强调坚持、灵活和关注核心利益在合作中的重要作用，同时揭示包括不轻易让步、不放弃求同和超越个人情感在内的谈判智慧，并在最后以合作沟通的基本守则和三个谈判工具作为收尾。在任务三中，我们主张乡村 CEO 在全媒体时代构建自身发声渠道，借助对媒体沟通的十个基本守则以及合作基本步骤的介绍，力图帮助乡村 CEO 能够与不同媒体进行有效沟通并树立良好形象，进一步提升地区及企业的知名度和影响力。

# 任务一　与政府部门的沟通

## 一、诉于己身，与政同行

之前看过一个案例，有一个叫李卫铳的工厂负责人，在城市规划与变迁的洪流中，他的工厂和同时期的其他工厂一样，收到了政府的拆迁通知。对于循环往复、从未变轨的他们来说，这是前所未有的挑战。然而，故事并未如常般走向黯然离场的结局，反而以一种意想不到的方式，成就了工厂的新生与传奇。

将镜头重新转回当时。尽管刚性的政策似乎已经封锁了所有退路，李卫铳却没有选择逃避或妥协。面对拆迁的抉择，他深知，简单转型商业用途会导致工人失业，而整体搬迁则意味着员工生活的巨大变动，孩子读书、老人养老等事项都会经历巨大波折，人员流失将不可避免——简而言之，这两条路都不可取。此时，他展现出了非凡的智慧与勇气，决定另辟蹊径对工厂进行主动改造，从被动等待的"钉子户"转变为令人瞩目的地标性建筑。

李卫铳的第一步，是直面监管部门的核心关切——环境保护。他深知，只有在这一点上取得突破，才能赢得政府的理解与支持。因此，他带领团队重新制定了严格的生产工艺标准，不仅超越了国内标准，更是对标国际标准并远超欧盟标准。最终工厂成功通过了环境评估，获得了权威认证，用实际行动证明了其在生态保护上的决心与成效。

"独善其身"之后，李卫铳并未止步于此。他意识到，个体的优秀并不足以抵挡拆迁的浪潮，必须让更多人看到工厂的价值。于是，他主动将自己的改造方案无偿分享给区内、市内有相同需求的企业，帮助他们减少改造过程中的弯路，实现环保与效益的双赢。这一举动不仅展现了李卫铳的社会责任感，更为他赢得了广泛的社会赞誉和政府部门的认可。

在环保认证与资源共享的双重助力下，李卫铳开始着手对工厂进行全面的改造升级。从外观设计到内部布局，从生产设备到工艺流程，每一个环节他都做到了集思广益、亲力亲为。

经过精心打磨，工厂焕然一新，不仅保留了原有的工业气息，更融入了现代时尚元素，成为了一个集生产、观光、休闲于一体的综合性地标建筑。最终，周围的工厂纷纷拆迁时，李卫铳的工厂却以其独特的魅力和价值屹立不倒，不仅成功抵御了拆迁的命运，更吸引了无数游客前来打卡参观，成为城市中的一道亮丽风景线。

李卫铳的这段历程深刻揭示了创业精神的真谛：创业者并非单一的现状质疑者或帮扶索求者，而应当是方案实践者和问题解决者。这意味着，空守"等靠要"的消极态度，在创业路上是行不通的。面对政策的挑战、村民的期盼及员工的厚望，创业者的选项里没有放弃或是得过且过。唯有自我驱动，充分调动创意与资源，"诉于己身"，才能将每一个构想落地转化为可触可及的成果。

有趣的是，以往在我们提到这个案例后，常会勾起一些听众在感慨之余对于政府参与到市场动作中的复杂情绪。对于这种思想，在2020年出版的《躲避的企业家和未来的治理：创新如何改善经济和政府》一书中，作者亚当·提耶尔有非常精妙的分析。

他洞察到，企业家与政府间因本质差异而产生的天然相斥性：企业家追求创新，而政府则倾向于监管，这种冲突超越了腐败或官僚主义的范畴，本质上是新旧理念的对立。这种对立具体表现为三方面的矛盾：企业家勇于探索未知，政府则谨慎规避风险；企业家渴望突破常规，政府则偏好维持稳定以保护既得利益；企业家追求自由创新空间，政府则倾向于实施控制。

那么，如何在自由与可控之间找到平衡点呢？实际上，这种界限的划定无法通过简单的会议或研究能够实现，而应是企业家与政府在不断试探与反应中，基于双方利益的权衡与妥协逐渐形成。这要求创业者不仅要具备自我提升与解决问题的能力，同时也需熟练掌握如何利用行政资源与政策支持，以加速创新与发展的步伐。

所以，我们应该认识到，在面对问题时，我们除了拿出"诉于己身"的觉悟以外，还要"与政同行"，深刻理解并有效利用官方渠道获取政策扶持。一位合格的乡村CEO应当树立这样的认知：官方渠道不仅是政策信息的集散地，还是连接企业与政府、促进双方合作的桥梁，更是乡村创业与治理坚实的后盾。

## 二、与政府部门进行沟通的基本要求

### 1. 明确沟通目标

大家需要明确自己的沟通目标，包括希望从政府那里获得哪些具体的支持，如政策指导、资金扶持、项目合作、技术援助等。这有助于在沟通过程中保持清晰和聚焦。

### 2. 关注政府部门发布的官方信息

（1）政府官方网站。大家应定期浏览政府官方网站，特别是农业农村部、财政部等与乡村发展密切相关的部门网站。这些网站通常会发布最新的政策文件、通知公告、政策解读等信息。如农业农村部官网发布的关于乡村振兴战略实施的具体政策举措、农业补贴政策调整等信息，对我们的工作具有重要指导意义。

（2）地方政府门户网站。不同地方政府的门户网站也会发布与本地乡村发展相关的政策信息。大家可以关注所在地区的政府门户网站，获取更具体、更有针对性的政策内容。如省市级农业农村厅（局）等相关政府部门的官方网站作为政策发布的重要平台，我们应经常浏览，及时了解各类农业农村政策文件、通知公告等。

### 3. 利用官方媒体和宣传渠道

（1）官方媒体。关注人民日报、新华社、中央广播电视台等官方媒体的报道，这些媒体通常会及时报道国家层面的重大政策动态和地方政府的创新实践。

（2）政策宣传资料。政府部门有时会编印政策宣传册、手册等资料，通过村委会、镇政府等渠道发放给乡村干部和群众。大家应该主动获取这些资料，以便更系统地了解政策内容。

### 4. 参加政府组织的培训和会议

（1）政策培训班。政府部门经常会组织政策培训班，邀请专家学者为乡村干部解读政策、答疑解惑。应积极参加这些培训班从而提高对政策的理解和应用能力，进一步为自己争取与政府部门沟通的机会，为乡村发展争取更多政策支持。

（2）工作会议和论坛。争取参加政府组织的工作会议、论坛等活动的机会。这类活动往往会邀请政府官员、专家学者解读最新政策趋势，同时我们可以与同行交流，了解他们对政策的理解和应对策略。例如，每年的中国农村发展论坛都会聚焦当前农村发展的热点问题，包括政策动态、产业发展等方面。通过参加这些会议，我们可以拓宽视野，深入了解政策走向，为自身企业发展制定更加科学合理的规划。

### 5. 利用社交媒体和互联网平台

（1）政府社交媒体账号。政府部门在微博、微信等社交媒体平台上开设的官方账号，也是获取政策信息的重要渠道。乡村 CEO 可以关注这些账号，及时获取政策动态。

（2）乡村发展交流平台。加入与乡村发展相关的微信群、QQ 群等交流平台。大家可以及时分享自己了解到的最新政策动态，共同探讨政策对乡村发展的影响。一些农业行业论坛还会有专门的政策讨论板块，我们可以在这里发表自己的观点，获取不同角度的见解。通过社交群组和论坛，我们可以建立广泛的人脉关系，及时了解政策变化，为乡村发展提供更多思路和方法。

（3）关注农业领域的专家学者和意见领袖。在微博、微信公众号、知乎等平台上，关注农业专家、学者和行业意见领袖。他们会经常发布对政策的解读和分析，为我们提供更深入的思考角度。例如，一些知名的农业经济学家会在社交媒体上分享对农业政策的独到见解，可以帮助我们更好地把握政策走向。通过关注这些专家学者和意见领袖，我们可以获取专业的政策分析和建议，为乡村发展提供智力支持。

### 6. 与基层政府部门保持密切沟通

（1）定期与当地乡镇政府、村委会等基层组织沟通交流。他们直接与农民打交道，对政策的落地实施情况最为了解。通过与他们沟通，我们可以获取第一手的政策执行信息，以及农民对政策的反馈。同时，基层政府部门也会及时传达上级政府的最新政策要求，为我们提供政策指导和支持。

（2）参与乡村治理相关的活动和会议。积极参与村民代表大会、乡村发展座谈会等乡村治理活动。这些活动不仅可以让我们了解乡村的实际需求，还能让我们及时掌握政策在基层的推进情况。在活动中，我们可以与政府工作人员、村民代表共同探讨政策的实施效果，为乡村发展出谋划策。

### 7. 注重相关政策信息的收集和分析

（1）建立政策信息库。乡村 CEO 在与政府沟通时，应提供翔实的数据和信息来支持自己的请求。例如，可以展示乡村的经济发展数据、产业项目规划、社会事业发展情况等，以证明自己的请求是合理且必要的。同时，大家可以建立自己的政策信息库，将收集到的政策文件、通知公告、政策解读等资料进行分类整理，方便随时查阅。

（2）建立信息共享机制。在项目实施过程中，要及时向政府反馈政策的执行情况和实际效果，为政府调整和完善政策提供参考依据。例如，对于农业补贴政策，可以反馈补贴资金的使用情况和对产业发展的促进作用；对于乡村旅游政策，可以提出在政策实施过程中遇到的问题和改进建议。

（3）政策信息分析。对收集到的相关政策信息进行深入分析，了解政策背景、目的、内容、实施要求等，以便更好地指导乡村发展。

扫描二维码答题

# 任务二　与合作伙伴的沟通

## 一、合作沟通是一场注重结果的长跑

有一位企业人叫刘湘毅，在碧桂园房地产公司深耕土地投资多年，曾在惠州面临过一次商业挑战。起因是当地一家房企决定在碧桂园的新启项目附近增设大规模开发计划，此举无疑将当地的竞争态势推向了白热化。敌人都打到自家门口了，这对双方而言都是不可接受的；而可预见的激烈对抗之下，双方的损失也似乎已不可避免。

面对这一困境，刘湘毅展现出了非凡的商业智慧与决心。尽管多渠道的沟通请求都遭到了对方的拒绝——尝试进行合作开发的谈判大门似乎已被紧紧关闭——然而，命运总爱眷顾那些不轻言放弃的人：一次偶然的政府慈善答谢晚宴，双方企业代表均要参加。在刘湘毅眼中，这无异于为双方搭建沟通桥梁的最后机会。

刘湘毅深知战机稍纵即逝。他不仅提前到场向主办方申请调整座位以便与对方同桌共餐，更精心准备了详尽的合作资料，力求在轻松的氛围中，以数据和事实向对方展现合作共赢的美好前景。尽管此次破冰尝试被对方以"今日不谈公事"为由婉拒，但刘湘毅的坚持与诚意还是为己方赢得了与对方股东进一步交流的机会。

第二次会面，刘湘毅有备而来。他与团队制定了三个基于双方利益最大化的合作方案，每个方案都经过深思熟虑，确保对方在合作中能获得超越自行开发的丰厚回报，同时借助碧桂园的品牌与管理优势，降低风险，提升效率。这份诚意与专业，最终赢得了对方股东的认可，双方迅速达成合作意向。

还没结束。合作意向的确定并未让刘湘毅有丝毫懈怠，他深知时不我待的道理，紧锣密鼓推进后续工作。从汇报领导、起草协议到洽谈细节，每一步都高效而精准，最终在当日深夜时分，双方顺利完成了签约仪式，实现了双方从竞争对手到合作伙伴的华丽转身。

刘湘毅成功促成商务合作的故事，是对积极沟通的生动诠释。或许你还记得我们前面提到过的铁三角之二：目标感中的"生产方案"能力——真正的"领头羊"在复杂多变的商业环境中，会始终保持积极主动的态度，勇于面对挑战，敢于率先行动，并用实际行动诠释价值创造的真谛。

成事之人不会太纠结于做事过程中自己的感受，因为我们的价值最终都要经受市场的检验和拷问；而市场的奖励往往是丰厚且公平的：成功正属于这些能够迅速响应、主动作为、持续努力的人——市场的考验从不等待，唯有不断前行，方能赢得未来。

## 二、合作沟通是一场关于谈判的战争

其实聊到这儿，不免又想起了项目三讲企业内部沟通任务时，我们提到的"无限游戏"理念（让我们回忆一下：沟通引发的感受、体验、人际关系是无限的）。与之相关，向大家分享最近看到的一句话："只要是在对话中的双方，就永远有共同利益。哪怕双方的话是对抗性的，甚至是充满敌意的高声指责，也不影响他们之间的共同利益"。

在探讨如何高效地在客户与合作伙伴间斡旋时，沟通的艺术无疑占据了核心地位。在此，我诚挚地向大家推荐史欣悦所著的《有言以对：让好意有好结果》一书，其中蕴含了诸多创新视角与实战策略，对于提升谈判技巧极具指导意义。

现在，让我们通过一个问题来勾勒商务谈判智慧的线条："面对棘手的对手，是否应当率先在琐碎事项上妥协以彰显诚意？"据英国知名商业谈判顾问盖文·肯尼迪对数以万计学员的测试结果显示——惊人地，96%的受访者给出了肯定的答案。但遗憾的是，这并非明智之举。

### 1. 不轻易让步

首先，让我们界定何为"棘手的谈判者"。他们就像儿时那些精明过人的"小捣蛋鬼"，目标明确、观察力敏锐，总能精准地选择最可能满足其需求的对象。他们不轻易被说服，擅长捕捉时机，甚至能在你最无防备的要紧之时提出要求，并展现出超乎年龄的坚韧与策略。

面对这样的对手，盲目地以"善意"为由说服自己做出让步，无异于踏入了一个精心布置的陷阱。因为"熊孩子"未必能理解或珍惜你的让步，反而可能视其为进一步索取的契机。

更重要的是，谈判并非一场零和博弈，其本质在于"等价交换"，无条件的让步不仅违背了这一原则，还可能让你在不经意间丧失了宝贵的谈判筹码。那些你认为无关紧要的条件，在对方眼中或许正是关键所在。

盖文·肯尼迪的测试深刻揭示了谈判的真谛：它是一场智慧与策略的较量，旨在从渴望你资源的人那里，获取你所渴求的价值。在此过程中，任何无原则的退让都可能提前暴露你的底线与弱点，为对方创造可乘之机。

因此，正如史欣悦老师在书中所倡导的，"让好意有好结果"，关键在于挖掘谈判的法则，运用沟通的艺术，确保每一次沟通与让步都能精准地服务于最终目标的实现。以"小捣蛋鬼"为喻，虽略带诙谐，却生动地揭示了日常沟通中无处不在的谈判智慧——在给予孩子快乐体验的同时，也要教会他们理解规则与界限的重要性，这样才能确保每一次交流都能收获双赢的结果。

有一位家长曾在家中设立了一个温馨的"愿望日规则",即在陪他幼儿园阶段的女儿外出时,每日仅可兑现一个心愿,若选择了冰激凌作为甜蜜奖赏,将心仪玩具捧在手中便需静待他日。偶尔,望着女儿手持冰激凌、眼神中闪烁着思索的光芒,他会以一句轻松的玩笑打破规则边缘:"要不,我们就来个特别的,两个愿望都实现吧?"这时,女儿因意外而感受到了纯粹的喜悦,而他在欣赏女儿的开心之余,也知道女儿已经知晓了规则与进退尺度。

此时再看史欣悦的《有言以对:让好意有好结果》,书中对沟通本质的探讨引人深思。我们常问,沟通究竟旨在信息的简单交换、共识的达成,还是一方对另一方的说服?史欣悦给出的答案,既深刻又独到:这些皆是沟通可能触及的层面,但核心在于"需求的满足"。正如谈判的艺术,其精髓在于"从对方那里获取所需,同时给予对方所求"——沟通也是如此,它是一场双方通过交流、协商与妥协,最终实现各自利益与需求的过程。

因此,步入谈判场或任何重要沟通之前,我们需先行校准心态的罗盘,摒弃"非赢即输"的狭隘观念。无论是谈判桌上的较量,还是日常生活中的沟通,其核心并非单纯追求个人的胜利,而是寻求一种双赢的局面。认识到"谈判不是为了赢过对方",而是"在满足自身需求的同时,也要尊重并满足对方的需求",这是通往成功沟通的第一步。

在此,史欣悦提供了一个实用的策略工具——绘制《需求交换表》。在关键对话之前,双方可分别列出各自的刚性需求(必须达成的)与弹性需求(可协商的),通过这张表,清晰地界定各自的利益边界与可谈判空间。谈判的艺术,便在于巧妙运用这些可交换的需求,搭建起一座连接双方需求的桥梁,使每一方的核心需求都能得到合理的满足。当这样的解决方案出炉时,不仅标志着沟通的成功,更意味着双方都在这一过程中实现了各自的"胜利"。

## 2. 不放弃求同

接下来我们需要转换的第二个关键心态,是避免立场差异干扰对共同利益的追寻。

史欣悦作为资深律师与法律顾问,在商业谈判的实战中反复体会到,尽管各方都明白互利共赢的重要性,但立场之争往往难以避免,这也导致诸如"这违背了我们公司的传统原则""这是我们的底线,不容谈判"或"到底该听谁的"之类的言辞频现。

然而,抽丝剥茧,我们会发现,立场之争的根源正是利益之争。正如史欣悦所言:"真正的沟通艺术,在于超越立场之争,直击利益核心。"他提出的"拆开立场的包裹"模型,是一个形象而有力的工具。这个模型由三个层层嵌套的圆圈构成,最外层是对方展现的鲜明立场,中间层是利益,需求作为利益的目的在最中间,因为利益的实现就是需求的满足。优秀的谈判者需具备敏锐的洞察力，通过巧妙的提问与细致的观察，逐层剥开立场的外壳，触及并理解其背后隐藏的真实利益所在。一旦这些利益点得到满足，对方的需求自然也就得到了回应。

在判定对方利益并尝试在其中挖掘共识的过程中，逆向思维是一大利器。将关注点从"我们想要什么"转向"我们都不想要什么"，这种视角的转换往往能揭示出潜在的共同利益。以电商未经授权使用明星图片引发的纠纷为例，表面上看，这是一起典型的侵权立场之争，赔偿与损失似乎是对立的双方。但逆向思考，双方都不愿陷入冗长且昂贵的诉讼程序，明星方担心诉讼成本高昂且烦琐，电商方则担忧败诉带来的商誉损害。这一共同点，促使双方更倾向于通过谈判解决争端。

因此，成熟的谈判者不仅坚守自己的立场，更擅长在对话中始终强调并探索双方的共同利益。他们明白，即使在看似激烈的对抗甚至充满敌意的对话中，我们也要从立场的对立中抽离出来，因为双方之间必然存在着可以挖掘的共同利益点。正是这份对共同利益的执着追求，为谈判的成功奠定了坚实的基础。

### 3. 超越个人情感

要转换的第三个重要心态，是要学会超越个人情绪。正如书中所言：需将人际纷争与事务本身区分开来，情绪在谈判中处于最次要的地位。因此我们要学会将问题解构为三个层面来理解：是事实层面的判断、价值层面的判断，还是纯粹的情感感受？

史欣悦以其个人经历为例诠释了这一点。作为一位内心感受细腻的人，他深知情绪化的反应不仅无助于问题的解决，反而会阻碍有效沟通。因此，他通过建立一个特别的文件夹，记录并反复审视外界对他的批评，以此训练自己忽略个人情绪的能力。这种练习不仅让他在语言上对各种直接的或隐晦的批评变得从容不迫，更重要的是，在谈判桌上，他能够保持冷静，敏锐捕捉对方情绪背后的真实诉求。若忽视了这一点，语言、表情和身体姿态都可能泄露出自身的利益和需求。

在电影《教父》中，黑手党领袖麦克·柯里昂作为家族的谈判代表需要与另一势力强大的家族进行斡旋。在这场对话前，对方家族的首领泰西奥以一句意味深长的台词展现了其谈判策略："希望麦克能给我们谈出一个好价钱。"这句话不仅揭示了谈判桌下的本质——即便是在最激烈的冲突背后，也存在着寻求共识与利益交换的可能，也透露出一种超越情绪、直击核心的冷静与务实。

泰西奥的这句话，是对谈判艺术精髓的深刻诠释：暴力与冲突，往往是达到谈判桌前的手段，而非目的本身。真正的谈判高手，懂得在火药味中寻找合作的契机，他们的目标不是逞一时之快，而是在博弈中争取到最有利的条件，即"一个好价钱"。这种不被情绪左右的态度，无疑是为所有人上了生动一课。

### 三、合作沟通的一些基本守则

要谈这个话题，我们想将《值得信赖的顾问：塑造客户心中无可替代的地位》推荐给乡村 CEO 们。此书由美国知名学者大卫·梅斯特及其市场实战经验丰富的企业家、管理学界同仁共同撰写，堪称实战与理论并重的行动指南。与我们今天的期望管理话题相关，作者在探讨承诺阶段的客户沟通策略时展现了非凡的洞察力与策略智慧。

作者认为，在商务合作的承诺阶段，如何管理客户对于问题解决过程中潜在挑战与困难的期望是沟通的重中之重。这不仅能够通过提前预见并应对各种难题来展现商务顾问深厚的专业功底，更在于通过细致入微的沟通，让客户感受到被重视与理解。

为了确保合作顺畅无阻，我们必须在初期就明确界定服务的边界与范围，让客户清晰地知晓何为我们能提供的价值，何为超出我们能力或范围之外的事项。同时，我们需与客户深入交流，了解他们对项目投入的意愿与能力，确保双方的努力方向一致且切实可行。

面对可能出现的客户预期调整，我们需保持开放与灵活，帮助客户设定更为合理、可实现的目标。未达成目标，我们需要制定详尽的沟通计划，包括明确汇报对象与交付对象、服务内容、客户责任、工作界限、沟通机制、报告频率与用途、报告使用方式、审核流程以及成果评价标准等。

这些看似琐碎实则至关重要的细节，构成了高效沟通与合作的基础。它们不仅能够确保信息的透明与准确，让客户感受到我们的专业与细致，还能有效避免误解与期望落差，更促使客户及其团队明确自身角色与责任，共同推动项目向既定目标稳步前进。最终，这样的期望管理策略将助力我们成为客户心中那个不可或缺、值得信赖的顾问。

在这些基础上，再添几点补充的建议。

（1）坚守诚信，明确界限。对于商务合作项目，业务团队的能力范围、完成时限等核心要素，务必保持高度透明与真实。同时，避免为争取项目而过度承诺。对于那些需历尽艰辛或难以达成的目标应该果断拒绝。长远来看，任何妥协于此的行为都不值一提。所以，拒绝、拒绝、拒绝。

（2）前瞻布局，提前启动。在正式接受客户委托之前，即着手进行前期准备与规划，展现专业与主动。这不仅有助于项目顺利启动，也是对客户尊重与承诺的体现。

（3）热情洋溢，积极表态。用真挚的热情感染客户，表达对此次合作机会的珍视与期待。让客户感受到你的真诚与渴望，以及这份工作对你职业发展的重要意义——这样的态度会加分。

（4）直面挑战，及时沟通。面对潜在难题，不回避、不拖延，尽早与客户开诚布公地讨论。这种直面问题的勇气，能够彰显你的责任心与专业度，同时也让客户感受到你的全力以赴与真诚合作。

（5）深入调研，理解客户。加大市场调研力度，深入了解客户背景、需求与期望，以此为基础提供更加贴心、精准的服务。这不仅有助于提升服务质量，也是建立深厚信任的关键。

（6）共享计划，征询意见。对于老客户，不妨主动分享详细的工作计划，并诚恳邀请他们提出宝贵意见。这种开放与合作的姿态，能够进一步巩固双方的关系，营造"携手并进"的良好氛围。

（7）展示成果，提供选择。在适当的时候，向客户展示过往成功案例或类似项目的成果，同时注意保护其他客户的隐私。同时，提供多种解决方案或套餐选择，帮助客户节省成本、提高效率，展现你的专业能力与贴心服务。

（8）坦诚相待，共克时艰。面对工作中的挑战与困难，不妨与客户坦诚交流，共同探讨解决方案。这种并肩作战的态度，不仅能够增强客户的信任与依赖，还能促进双方更加紧密的合作。

在这里，我们也邀请大家抽空看一下华为项目管理能力中心出版的《华为项目管理之道》。书中援引了华为在 2021 年针对提升质量与客户满意度而制定的"双轮驱动"策略：第一，通过持续开展客户满意度调查，像探照灯一样照亮服务中的盲点与不足；第二，针对这些被揭示的问题，迅速行动，实施系统性的改进闭环，确保问题得到有效解决，服务品质不断提升——这是因为客户满意度的衡量不应仅仅停留在分数层面，更应聚焦于客户问题的实际解决情况，因此要基于自身能力边界合理管理客户期望，确保服务承诺与实际交付之间的平衡与和谐。

这一切的背后，源于华为对"客户至上"理念的深刻理解与实践。客户作为项目成功的关键干系人，其需求与期望是驱动项目前行、获取客户满意度的核心动力。为此，华为从客户需求出发，分析问题、制定策略，形成了一套独具特色的客户满意度评估体系，构建了"满意度 = 感知 - 期望"这一简洁而深刻的等式。

客户满意度的状态通常可划分为三个层次：当客户体验低于其预期时，会产生不满情绪；若体验与预期基本相符，则客户可能处于暂时满意的状态；而当体验显著超越客户预期时，则达到高度满意的状态。要实现客户满意度的有效管理，核心在于精准管理客户的期望与深化客户感知，这一过程涵盖了期望管理、感知优化及满意度评估三大关键环节。

第一个环节为期望管理，主要包含 3 个方面。

（1）充分沟通与预期设定。通过提前向客户揭示项目可能遭遇的风险与挑战，并共同商讨应对策略，建立风险共识与预案，为后续合作奠定坚实的信任基础。

（2）需求管理与灵活应对。利用客户的实际体验增强其信心，同时，对客户需求进行细致分级，运用创新思维将原本看似"不可能"的需求转化为"可实现"的方案，有效缓解潜在的矛盾与冲突。

（3）合同谈判的艺术。在谈判桌上，采用灵活多变的策略，设身处地为客户着想，减少客户拒绝的理由，进一步增强客户的合作意愿与信心。

第二个环节为感知管理，同样非常重要，其实施路径同样包括以下3个方面。

（1）展示实力与承诺。向客户充分展示团队的专业能力、积极的工作态度及过往的成功案例，以此建立客户对团队整体实力的信任。

（2）强化团队凝聚力与目标一致性。坚持"一个团队，一个目标"的原则，确保所有成员围绕客户的核心需求紧密协作，形成强大的执行合力。

（3）深化信任与关系建设。在与客户沟通时，务必采用易于理解的商业语言与结果导向的表述方式，减少技术术语与过程描述，确保客户能够清晰感知到项目的价值与成果。同时，应当努力构建与客户之间的深厚信任，将单纯的商业关系转化为更为紧密的合作伙伴乃至朋友关系，促进信息的顺畅流通与情感的深度共鸣。

第三个环节为满意度评估。除了日常的期望与感知管理外，还需定期实施客户满意度调查，以掌握最新的客户满意度状况，并据此识别改进空间。当前主流调查方式有两种：一是借助第三方机构的客观视角进行满意度调查，确保结果全面且公正，便于横向对比竞争对手；二是通过邀请客户直接参与公司业务的满意度评估，以快速响应客户反馈，直接获取真实的客户声音，为服务优化提供支持。

## 四、合作沟通的三个谈判工具

卓越的谈判高手只有具备了对错综复杂情境的深度洞察与精准驾驭能力，方能精准捕捉并融合双方利益的交汇点。在这里，我们与大家分享3个谈判工具，第一个工具源自国际关系领域的智者、中国人民的老朋友、美国前国务卿亨利·基辛格。

### 1. 镜头切换法：在问题之外解决问题

半个世纪的风云变幻中，基辛格以其独到的"镜头切换法"穿梭于暗潮涌动的国际谈判桌旁。他最耀眼的成就之一是推动了1972年美越战争的停战协议。面对僵局，他深知直接对话难以奏效，故而采取了"跳出框架看问题"的策略，将视线从狭隘的战场拉升至更广阔的全球舞台，洞察到越南南方背后是美国的支持，而越南北方则与中国、苏联紧密相连。对此情形，基辛格巧妙地利用外交访问作为掩护，秘密访华，这一举措不仅开启了中美高层对话的新纪元，也再次印证了"对话中的双方总能发现共同利益"的深刻洞见。

随后，他调整视角至美苏争霸的棋盘，精准捕捉到苏联急于缓解西德压力的迫切需求,并以此作为杠杆,巧妙地将越南问题纳入交换议程,最终通过西德获得的谈判筹码将各方带上谈判桌,最终促使双方达成和解,完美诠释了"镜头切换法"的精髓。

基辛格强调,应对此类挑战需具备历史纵深感,深刻理解那些超越个人掌控范围的力量动态,积极地对事件全貌的宏观把握。同时,他也不忽视微观层面的细致考察——如同以色列前总理梅厄所赞誉的那样,他对每个谈判议题的细枝末节都拥有超凡的洞察能力。在戈兰高地谈判中,他通过特写镜头般的细致观察,深入了解当地民生,仿佛对那片未曾踏足的土地上的每一条街道、每一栋建筑都了若指掌,这种对细节的极致追求往往能揭示出隐藏的关键信息与对方的深层利益诉求。

同时我们应该认识到,这一切换的核心并不是生硬地照搬"先大后小"的两步走战略,而是随着对问题的深入探索,不断在宏观视角与微观细节之间灵活切换,全面而深刻地审视问题本质。因为正是这些看似微不足道的细节中,往往蕴藏着推动谈判突破的关键钥匙。

### 2. 金字塔模型:用结构征服他人

第二个工具是我们前面提到过的"金字塔模型",起源于著名管理咨询公司麦肯锡。概括起来就是:任何复杂议题均可提炼出一个核心论点,该论点由三至九个一级论据坚实支撑,这些一级论据进而各自成为次级论点,再由三至九个二级论据支撑,层层递进,形如稳固的金字塔结构。

选择三至九个论据的考量在于三个确保了基础的稳定性,如同稳固的三脚架;而超过九个则可能显得冗长烦琐,毕竟人类手指计数不过十指,便于记忆与处理。在实际应用中,通常建议不超过七个论据以保证论据界限清晰。

一言蔽之,构建合格的金字塔模型需遵循两大原则:纵向保持严密的逻辑链条,确保每一层论据都是对上一层论点的有力支撑;横向则要求论据间相互独立,避免重叠,同时又能全面覆盖,无遗漏关键信息。这实质上是对论点进行系统化、结构化的论证过程。这种论证思路广泛体现在古今中外的优秀文章与演讲之中。

以向领导反映他人问题为例:应先明确中心观点,如"某人在某些方面表现不佳",随后分条缕析地提出具体论据,辅以具体事例与时间线,使观点饱满有力。这样的表达方式,即便领导不愿深究,也能确保核心信息有效传达,避免了直接抱怨的幼稚与低效。

当然,拒绝概念重复或缺失的金字塔模型在实际操作中也需要一定的灵活变通。对于非关键论据,可适当省略以精简内容;而对于跨越多个论点的关键材料,虽可重复提及,但需明确标注其重复出现的目的与必要性,以避免混淆。

关于论据的排序问题,核心在于优化信息接收者的体验,以减轻认知负担为主要任务。因此,我们应精心安排论据的呈现顺序,确保逻辑清晰、条理分明,使对方能够轻松理解并接受我们的观点。

### 3. 多元视角：看得更透彻些

第三个谈判工具，是构建多元思维模型。这一策略旨在打破单一视角的局限，防止个体在面对复杂问题时，因固有的思维模式而陷入狭隘的解决路径之中。正如查理·芒格所言，当人的工具箱里仅有一把铁锤时，便容易将一切问题视为钉子，从而忽略了问题的多样性和解决途径的丰富性。因此，我们要广泛学习并掌握多领域的重要理论并在实践中灵活运用这些工具，而非局限于某一学科或方法，以此拓宽视野、增强问题解决的实际能力。

还是以基辛格在《论中国》中的洞见为例。他敏锐地指出，中美两国基于截然不同的世界观行事：美国倾向于以传播价值观为己任的"例外主义"，而中国则秉持着求同存异与文化自信的"例外主义"。这种认知促使我们在国际谈判与交流中，必须采用多元的思维工具，深入理解并尊重对方的文化与需求，从而更有效地促进合作与共赢。

综上所述，我们的三大谈判工具相辅相成：一是培养跨学科视角，以多元思维审视问题；二是运用金字塔模型，高效整理信息，精准支撑结论；三是采用镜头变化的策略，既保持全局视野，又不失对局部细节的敏锐捕捉。

 课后练习

扫描二维码答题

# 任务三　与不同媒体的沟通

## 一、与媒体沟通的基本守则

当下正处于媒介融合发展的全媒体时代，构建自身发声渠道、通过不同媒介进行宣传已成为乡村CEO的必备技能。要聊这个问题，我们先从李颖在《媒商——全媒体时代沟通实战手册》一书中曾提到的"与媒体沟通的十个基本守则"开始（这本书也推荐大家抽空去看看，不厚，但内容很系统。虽然距离出版已经有一些时间了，但仍有很多基本方法可供参考）。

1. 守则一：诚实为金，沟通基石

诚实不仅是个人美德的光辉展现，更是构建信任桥梁的首要基石。面对未知，保持缄默远胜于轻率之言。在这个储存力溢出的时代，一字一句都可能成为不可磨灭的印记。坚持诚实原则，不仅是对事实的尊重，更是对自我形象的负责。不仅如此，迅速而一致的诚实表态，能够有效避免真相滞后带来的信任危机，确保沟通的有效性和正面性。

2. 守则二：信守承诺，公信之源

正如《论语》所训，"人无信不立"。在危机管理的关键时刻，信守承诺是重塑公信力的关键所在。承诺一旦不能兑现，不仅将会把信任之舟推向深渊，更会对品牌形象造成难以估量的损害。因此，在危机应对中，每一个承诺都应慎重考虑，确保能够履行。

3. 守则三：沉默亦声，态度彰显

全媒体环境下，沉默并非逃避，而是一种深思熟虑后的表达。任何形式的回避或含糊其词，都可能被解读为逃避责任。面对媒体询问，即使选择不直接回应，也应以明确的态度表明立场，而非简单的推诿或回避。快速、诚恳的回应，是应对媒体挑战、展现专业素养的必备素养。

4. 守则四：慎言慎行，避免遗憾

在媒体聚光灯下，每一句话都需谨慎斟酌，因为每一句话都可能面对不同群体的信息解读。避免说出任何可能引发负面影响的话语，是保护自身形象、维护品牌声誉的重要法则。面对陌生来电的采访请求，应保持警惕，尽量通过官方渠道安排采访，以确保信息的准确传递和双方的有效沟通。在面对媒体之前，做好充分准备，包括了解背景信息、准备回答要点等。同时，保持冷静和理性，避免被情绪左右，不要让情绪化表达引起的关注度超越事实本身，徒增危机处理后成本。这是何等的得不偿失。

5. 守则五：生动细节，触动心弦

在全媒体交织的时代，大众偏好的新闻表达正经历着深刻的变革。以往官媒通稿中的"领导高度重视""第一时间响应"等陈词滥调，如同模糊的雾霭遮蔽了事实的光芒。如今，这些空洞的表述已成过去，取而代之的是对细节的精雕细琢与事实的坦诚呈现。我们深知，生动的语言与丰富的细节，才是吸引公众目光、赢得信任的钥匙。

6. 守则六：勇于认错，开启重建

面对错误，许多人选择逃避或推诿，担心道歉会引来法律的责难或市场的抛弃。然而，对于企业而言，尤其是在产品问题上，及时而真诚的道歉不是终点，是修复品牌形象的起点。沉默或掩饰只会加剧公众的猜疑与不满，而勇于承担责任，则能展现出企业的责任感与诚信，为后续的信任重建奠定基石。

7. 守则七：选对喉舌，增进信任

在危机公关的战场上，信息的真实性与发布者的可信度同样重要。一个备受信赖的发言人，能够大大提升信息的接受度与影响力。因此，在挑选代言人时，我们必须严格把关，确保他们既了解事实真相，又能在公众心中树立正面形象，成为企业与公众之间的桥梁。

8. 守则八：谨慎乐观，拒绝粉饰

以蒙牛黄曲霉毒素事件为例。2011年12月24日，蒙牛部分批次产品被抽查出黄曲霉毒素 $M_1$ 超标。25日，蒙牛方面连续发布声明，向消费者致歉，并表示问题产品并未出库，早已进行封存与销毁。27日，该公司副总裁又向记者表示："问题并非源于自检失误，该批次产品仍处于保温期这道工艺，在出厂前还会进行检测。即使国家质检总局不来抽检，自身也会检测出该问题。这从侧面也反映出了高效的管理水平，保证出厂的产品都是合格的。"

蒙牛迅速道歉并采取措施，体现了其应对危机的速度与决心；然而在后续解释中，他们急于稀释负面事件影响，过度强调管理体系的优越性，忽视了公众对于安全问题的深切关注，在舆论场中无异于一次逃避并模糊问题存在的尝试，最终使刚刚出现的曙光又化成了一摊泡影。这警示我们，在处理危机时必须谨慎乐观，避免将坏事变成新的负面宣传点。

9. 守则九：统一口径，避免混乱

面对公众的质疑与关切，清晰、一致的信息传递至关重要。当企业内部多个声音同时回应时，往往会导致信息混乱、口径不一，进而削弱企业的回应能力。因此，在危机公关中，我们必须建立统一的信息发布机制，确保所有回应都围绕核心策略展开，共同维护企业的品牌形象与公众信任。

如果大家感兴趣，可以去查查之前的一个案件。即在 2005 年，东北一家医院中，一名退休教师在住院 67 天后竟累积了高达 139.7 万元的医疗费用。更令人震惊的是，家属在医生建议下自费购买的 400 余万元急救药品，使总费用飙升至惊人的 550 万元。中央电视台《新闻调查》的深入探访，却遭遇了院方多口径、模糊不清的回应，最终，这次澄清尝试非但未能平息风波，反而加剧了公众的质疑与不满。

10. 守则十：谨慎叫屈，直面关切

在舆论的漩涡中，阴谋论如同一把双刃剑，虽能短暂吸引眼球，却往往难以驾驭，效果适得其反。部分企业面对危机时，倾向于发布声明，强调检测结果合规，同时质疑投诉者的动机，企图通过法律威慑一劳永逸地解决问题。

然而，这种做法往往忽视了公众的核心诉求——他们真正在意的是你的产品是否安全无虞，你能否以确凿的证据证明自己的清白，以及面对问题时你将如何采取有效措施，让公众重拾信心。此时抛出阴谋论，非但不能减轻公众对安全问题的担忧，反而可能加剧其不信任感，认为企业是在逃避责任、自我辩解。特别是在大企业与个体消费者的对立中，公众情感的天平往往更倾向于弱者，使大企业更容易陷入"以大欺小"的舆论困境。

因此，当危机来临时，企业应坚决摒弃阴谋论思维，转而采取更为直接、透明的方式回应公众关切。这包括迅速查明事实真相，坦诚面对问题，积极采取补救措施，并通过有效沟通渠道，向公众传递清晰、一致的信息。唯有如此，才能逐步重建信任，化危为机。

## 二、与媒体合作的步骤

除了以上 10 条基本守则之外，与媒体合作时可以遵循以下 3 个基本步骤。

### 1. 合作前

（1）明确目标与需求。确定与媒体合作的具体目标，是提升乡村知名度、推广特色农产品、吸引游客还是寻求投资等。

（2）根据目标明确自身的需求。例如，需要媒体进行专题报道、举办活动宣传还是长期合作进行品牌建设等。

（3）筛选合适媒体。首先，要研究不同媒体的定位、受众群体和影响力。选择与乡村特色和目标受众相匹配的媒体，如农业频道、旅游杂志、新媒体平台等。其次，考虑媒体的专业性和信誉度，确保合作的媒体能够真实、准确地传达乡村的信息。

（4）制定合作计划。详细规划合作的内容、形式和时间安排；确定媒体的采访主题、报道角度和发布渠道；明确双方的责任和义务，包括提供的资源、配合的程度和预期的效果等。

## 2. 合作中

（1）提供有价值的信息。事前要准备充分的乡村资料，包括历史文化、自然风光、特色产业、农民生活等方面的内容，确保信息真实、全面、准确。同时，应及时向媒体提供乡村的最新动态和发展成果，让媒体能够持续关注和报道。

（2）积极配合采访。应安排专人负责与媒体的沟通和协调，确保采访顺利进行，并为媒体采访提供必要的便利条件，如交通、住宿、场地等。在采访中，乡村CEO及相关人员要真诚、客观地回答问题，展示乡村的良好形象。

（3）把控宣传内容。应对媒体的报道内容进行审核，确保信息准确无误，符合乡村的实际情况和宣传需求，避免夸大宣传或虚假信息，以免引起公众的质疑和反感。如有需要，可以与媒体协商调整报道角度和内容，以达到更好的宣传效果。

## 3. 合作后

（1）进行效果评估。对媒体合作的效果进行评估，分析报道的影响力、受众反馈和实际效果等。

（2）经验总结。根据评估结果总结经验教训，为今后的合作提供参考。

（3）维护关系。应及时向媒体表达感谢，保持良好的合作关系。定期与媒体沟通交流，分享乡村的新发展和新变化，为今后的继续与进一步合作奠定基础，此外，还可以通过赠送乡村特色产品、邀请媒体参加乡村活动等方式，增强媒体对乡村的认同感。

## 课后练习

扫描二维码答题

# 参考文献

斯蒂芬·P·罗宾斯，玛丽·库尔特，2012. 管理学 [M]. 李原，孙健敏，黄小勇，译. 11 版. 北京：中国人民大学出版社.

王凤荣，吴立红，吴玲，2014. 人际沟通 [M]. 北京：人民卫生出版社.

王建民，2015. 管理沟通实务 [M]. 4 版. 北京：中国人民大学出版社.

徐艳兰，罗昌宏，刘珣，2013. 管理学 [M]. 3 版. 上海：上海财经大学出版社.

周三多，陈传明，贾良定，2014. 管理学——原理与方法 [M]. 6 版. 上海：复旦大学出版社.